"张三"身边的法律事儿

陈明国 主编
胡文波 副主编
四川省蓬安县人民法院 编著

法律出版社
LAW PRESS·CHINA
北京

图书在版编目(CIP)数据

"张三"身边的法律事儿 / 陈明国主编;四川省蓬安县人民法院编著;胡文波副主编. -- 北京:法律出版社,2024(2024.6 重印)

ISBN 978-7-5197-8886-5

Ⅰ.①张… Ⅱ.①陈… ②四… ③胡… Ⅲ.①法律-中国-问题解答 Ⅳ.①D920.5

中国国家版本馆 CIP 数据核字(2024)第 039771 号

"张三"身边的法律事儿 **"ZHANGSAN" SHENBIAN DE FALÜSHIR**	陈明国 主编 四川省蓬安县人民法院 编著 胡文波 副主编	策划编辑 周 洁 责任编辑 周 洁 装帧设计 李 瞻

出版发行 法律出版社
编辑统筹 司法实务出版分社
责任校对 王 丰
责任印制 胡晓雅
经　　销 新华书店

开本 880 毫米×1230 毫米 1/32
印张 7 **字数** 125 千
版本 2024 年 4 月第 1 版
印次 2024 年 6 月第 2 次印刷
印刷 三河市龙大印装有限公司

地址:北京市丰台区莲花池西里 7 号(100073)
网址:www.lawpress.com.cn
投稿邮箱:info@lawpress.com.cn
举报盗版邮箱:jbwq@lawpress.com.cn

销售电话:010-83938349
客服电话:010-83938350
咨询电话:010-63939796

书号:ISBN 978-7-5197-8886-5　　**定价**:49.00 元

凡购买本社图书,如有印装错误,我社负责退换。电话:010-83938349

本书编委会

主　编：陈明国

副主编：胡文波

编　委：袁　彬　张　华　李绪林　杨承杰
唐　宇　罗学文　龚　宁　黄　逍
姜　琳　王洪春　刘　皓

序
PREFACE

《民法典》于2021年1月1日正式施行，这是中华人民共和国成立以来第一部以“法典”命名的法律，更是人民群众社会生活的“百科全书”。但《民法典》共1260条逾10万字，对于一个普通群众，不仅难以理解专业的法律条文，而且部分法律条文可能一辈子都不会使用，如何将《民法典》“变薄”，如何将晦涩难懂的“法言法语”转化为家常话、大白话，既不失法律法规的“原汁原味”，又能让社会大众听得懂、看得明白，这是法律人的神圣职责和法定义务。于是，《“张三”身边的法律事儿》应运而生。

本书共15章近10万字，以一个文化程度不高的普通农村群众“张三”为视角，以《民法典》《刑法》《民事诉讼法》等为依据，以人的自然成长和社会经历为序，分“小时候”“出行”“打工”“工伤”“借钱”“做生意”“买房”“物业”“结婚”“婚姻生活”“离婚”“涉亲情”“养老”13个实体法章节和“打官司”“执行”2个程序法章节，详细解读了一个普通群众从出生到死亡的一生中可能遇到的法律问题。

作为一本法治宣传书籍，该书在注重法律规范的同时，注重全书的故事性。全书以“张三”的口吻，结合“张三”自身经历，中间穿插“张三”身边的朋友“李四”“王老五”“赵六”“贺老八”等普通群众的生活故事，这些生活故事全部改编自法官在审判实践中遇到的真实案例，不仅构成了一幅鲜活的中国农村生活场景，增加了本书的故事性，更让广大受众感到这些故事就发生在自己身边，甚至自己就是“张三”“李四”“王老五”等人，意欲通过身临其境激发阅读激情，将枯燥的“成文法”变为“内心法”，从而养成办事依法、遇事找法、解决问题用法、化解矛盾靠法的良好习惯。

为增强本书的可读性和受众的可接受度，该书在形式上采取问答的方式，“张三问”“法官答”，简洁明了，一看就懂。在语言上，提问题时突出“土味”，使用老百姓的“土话”“大白话”，让受众有亲近感；回答问题时突出“专业性”，全部以《民法典》及相关法律法规和司法解释为依据，既权威专业，又可读性强。

《“张三”身边的法律事儿》是一本推荐给普通群众的常用的法律操作手册，也是一本让普通群众看得懂、看得明白的法律书籍。

“我所做的事情很小，能起到的作用也微乎其微。我只想邀请大家，超越我们日常生活的庸碌，思考法治真正的意义。”①

愿公平如大水滚滚，使公义如江河滔滔。

---

① 罗翔：《法治的细节》，云南人民出版社 2021 年版。

目　录

CONTENTS

元，我先支付 400 元定金，说好一个月后我去拿鸡。昨天我和翠花去拿鸡的时候听说这些鸡下了几十个蛋。我喊王老五把蛋给我，他不同意，说这些蛋应该归他。这些蛋究竟该归我还是归他？／61

50. 张三：翠花说王老五不把鸡蛋给我们，我们就不买他的鸡了，但王老五说买不买无所谓，反正定金不退。这个定金我还要得回来吗？／62

51. 张三：前段时间，我因为要经常下乡收货就花 15 000 元买了李四的一辆二手货车，钱货两清后由于太忙了一直没有办理过户手续。今天李四找到我，说有人出 20 000 元买他这个车，他已经和对方办理过户手续了。现在喊我把车还给他，他退我 15 000 元。这个车子究竟该归谁？／62

52. 张三：前段时间有家酒厂找我订了 3 吨高粱，交了 5000 元定金，约定 1 个月后交货，交货后 1 个月内付款。但前两天我听说这个酒厂因为拖欠货款被人起诉了，酒厂也被法院查封了，我估计我把货给他也收不到钱。这种情况下，我可不可以不交货或者要求对方先付钱再交货呢？／63

53. 张三：昨天我按照客户要求，将他购买的 10 斤菜油送到他小区门卫室。送到后专门拍照通过微信发给了他。但昨天晚上客户给我打电话说菜油不见了，要我重新送 10 斤，费用由我承担。这个损失该由谁承担呢？／64

54. 张三：店里有农产品需要冷藏，我在网上买了个冰柜。购买的时候商家承诺 3 年保修，现在才 1 年就出现了质量问题，我找商家协商但对方爱搭不理的。这种情况我该怎么办呢？／65

01

第一章

“小时候”的那些法律事儿

1. 张三：我姐怀孕4个月的时候我姐夫出车祸去世了，现在交管部门通知我姐去和肇事方谈赔偿。我姐怀的小娃儿能不能得到赔偿呢？

答：依照《民法典》第13条“自然人从出生时起到死亡时止，具有民事权利能力，依法享有民事权利，承担民事义务”，第16条“涉及遗产继承、接受赠与等胎儿利益保护的，胎儿视为具有民事权利能力。但是，胎儿娩出时为死体的，其民事权利能力自始不存在”，最高人民法院《关于适用〈中华人民共和国民法典〉总则编若干问题的解释》第4条“涉及遗产继承、接受赠与等胎儿利益保护，父母在胎儿娩出前作为法定代理人主张相应权利的，人民法院依法予以支持”之规定，在涉及遗产继承等胎儿利益保护的情形下，胎儿视为具有民事权利能力。现胎儿父亲因交通事故死亡，胎儿有权获得相应赔偿。

2. 张三：我姐和我姐夫的父母亲、兄弟姐妹因该不该给我姐怀的小娃儿分遗产争得不可开交。法律对这个问题究竟是怎么规定的呢？

答：依照《民法典》第16条“涉及遗产继承、接受赠与等胎儿利益保护的，胎儿视为具有民事权利能力。但是，胎儿娩出时为死体的，其民事权利能力自始不存在”，第1155条“遗产分割时，应当保留胎儿的继承份额。胎儿娩出时是死体的，保留的份额按照法定继承办理”之规定，在分割你姐夫的遗产时，应当保留你姐所怀胎儿的继承份额。若胎儿娩出时为活体，则胎儿继承的遗产由其法定代理人监管。若胎儿娩出时为死体，其民事权利能力自始不存在，为其保留的继承份额由你姐夫的法定继承人依法继承。若胎儿娩出时为活体但随后死亡，为其保留的遗产份额已经为胎儿继承，其继承的遗产由胎儿的法定继承人依法继承。

3. 张三：我姐刚怀孕的时候，我姐夫的姐姐曾给我姐一对金镯子，说是赠送给胎儿的。现在因为分遗产的事情，双方闹翻了。姐夫的姐姐要求我姐把金镯子还给她。这个可不可以不还呢？

答：依照《民法典》第 16 条"涉及遗产继承、接受赠与等胎儿利益保护的，胎儿视为具有民事权利能力。但是，胎儿娩出时为死体的，其民事权利能力自始不存在"，第 20 条"不满八周岁的未成年人为无民事行为能力人，由其法定代理人代理实施民事法律行为"，第 23 条"无民事行为能力人、限制民事行为能力人的监护人是其法定代理人"，第 27 条第 1 款"父母是未成年子女的监护人"，第 658 条第 1 款"赠与人在赠与财产的权利转移之前可以撤销赠与"，第 663 条"受赠人有下列情形之一的，赠与人可以撤销赠与：（一）严重侵害赠与人或者赠与人近亲属的合法权益；（二）对赠与人有扶养义务而不履行；（三）不履行赠与合同约定的义务。赠与人的撤销权，自知道或者应当知道撤销事由之日起一年内行使"之规定，涉及遗产继承、接受赠与等胎儿利益保护的，胎儿视为具有民事权利能力，你姐姐是胎儿的法定代理人，有权代表胎儿接受赠与，而你姐夫的姐姐赠与胎儿的金镯子已经完成交付且不具有法定撤销赠与情形，所以你姐姐有权代表胎儿拒绝返还金镯子。

4. 张三：前段时间我家二娃子在幼儿园课间休息的时候被其他同学绊倒并轻微骨折。这个该找谁赔偿呢？幼儿园有没有责任？

答：依照《民法典》第 1188 条“无民事行为能力人、限制民事行为能力人造成他人损害的，由监护人承担侵权责任。监护人尽到监护职责的，可以减轻其侵权责任。有财产的无民事行为能力人、限制民事行为能力人造成他人损害的，从本人财产中支付赔偿费用；不足部分，由监护人赔偿”之规定，你家二娃子被同学绊倒并轻微骨折，应当由该同学的监护人承担侵权责任。若该同学名下有个人财产，从其个人财产中支付赔偿费用，不足部分由监护人赔偿。

至于幼儿园是否承担侵权责任，应根据具体情况确定。依照《民法典》第 1199 条“无民事行为能力人在幼儿园、学校或者其他教育机构学习、生活期间受到人身损害的，幼儿园、学校或者其他教育机构应当承担侵权责任；但是，能够证明尽到教育、管理职责的，不承担侵权责任”之规定，你家二娃子在幼儿园受到人身损害，幼儿园应该承担侵权责任，但幼儿园能够证明尽到教育、管理职责的，不承担侵权责任。

5. 张三：昨天我9岁的大娃子趁我不注意，用我的手机给自己买了3000多元的游戏装备。这个钱我可不可以找商家退呢？

答：依照《民法典》第19条"八周岁以上的未成年人为限制民事行为能力人，实施民事法律行为由其法定代理人代理或者经其法定代理人同意、追认；但是，可以独立实施纯获利益的民事法律行为或者与其年龄、智力相适应的民事法律行为"，第145条"限制民事行为能力人实施的纯获利益的民事法律行为或者与其年龄、智力、精神健康状况相适应的民事法律行为有效；实施的其他民事法律行为经法定代理人同意或者追认后有效。相对人可以催告法定代理人自收到通知之日起三十日内予以追认。法定代理人未作表示的，视为拒绝追认。民事法律行为被追认前，善意相对人有撤销的权利。撤销应当以通知的方式作出"之规定，除独立实施纯获利益的民事法律行为或者与其年龄、智力、精神健康状况相适应的民事法律行为外，限制民事行为能力人独立实施的其他民事法律行为需经法定代理人同意或者追认后才有效。你家大娃子9岁，属于限制民事行为能力人，其使用手机购买大额度游戏装备的行为，不属于独立实施的纯获利益的民事法律行为或者与其年龄、智力、精神健康状况相适应的民事法律行为，需要法定代理人即你或你妻子同意或追认后才有效。若你或你妻子不同意或不予追认，则你家大娃子购买游戏装备的行为将被认定为无效，可要求商家退款。

6. 张三：李四家大娃子今年 13 岁读初二，在学校经常欺负同学，前不久伙同社会上几个娃儿把一个同学打了，经鉴定为重伤。李四家大娃子会不会被判刑呢？

答：依照《刑法》第 17 条“已满十六周岁的人犯罪，应当负刑事责任。已满十四周岁不满十六周岁的人，犯故意杀人、故意伤害致人重伤或者死亡、强奸、抢劫、贩卖毒品、放火、爆炸、投放危险物质罪的，应当负刑事责任。已满十二周岁不满十四周岁的人，犯故意杀人、故意伤害罪，致人死亡或者以特别残忍手段致人重伤造成严重残疾，情节恶劣，经最高人民检察院核准追诉的，应当负刑事责任。对依照前三款规定追究刑事责任的不满十八周岁的人，应当从轻或者减轻处罚。因不满十六周岁不予刑事处罚的，责令其父母或者其他监护人加以管教；在必要的时候，依法进行专门矫治教育”之规定，已满 12 周岁不满 14 周岁的人，犯故意杀人、故意伤害罪，致人死亡或者以特别残忍手段致人重伤造成严重残疾，情节恶劣，经最高人民检察院核准追诉的，应当负刑事责任。李四家大娃子致同学重伤，是否会被追究刑事责任，要看是否达到“以特别残忍手段致人重伤造成严重残疾，情节恶劣，经最高人民检察院核准追诉的”的法定条件。如果符合这一条件，李四家大娃子将会被追究刑事责任，否则将不会被追究刑事责任，但会责令其父母或者其他监护人加以管教；必要的时候，将依法对其进行专门矫治教育。

7. 张三：李四家大娃子最终没有被追究刑事责任，但学校说他违反学校纪律把他开除了。李四说现在学校不能开除学生，学校开除大娃子违法了。这个是真的吗？

答：依照《义务教育法》第2条第1款“国家实行九年义务教育制度”，第27条“对违反学校管理制度的学生，学校应当予以批评教育，不得开除”，《未成年人保护法》第28条“学校应当保障未成年学生受教育的权利，不得违反国家规定开除、变相开除未成年学生。学校应当对尚未完成义务教育的辍学未成年学生进行登记并劝返复学；劝返无效的，应当及时向教育行政部门书面报告”之规定，学校对违反学校管理制度的九年义务教育阶段学生，应当批评教育，不得开除。因李四家大娃子正在读初二，尚处于九年义务教育阶段，所以学校不得将其开除。但如果不是九年义务教育阶段的学生违反学校管理制度，学校有权依照规定将其开除。

8. 张三：王老五重男轻女，他家女儿今年刚刚小学毕业，王老五就不让她读书了。但他女儿特别想读书，现在该怎么办呢？

答：依照《义务教育法》第5条“各级人民政府及其有关部门应当履行本法规定的各项职责，保障适龄儿童、少年接受义务教育的权利。适龄儿童、少年的父母或者其他法定监护人应当依法保证其按时入学接受并完成义务教育……”，第 58 条“适龄儿童、少年的父母或者其他法定监护人无正当理由未依照本法规定送适龄儿童、少年入学接受义务教育的，由当地乡镇人民政府或者县级人民政府教育行政部门给予批评教育，责令限期改正”，《未成年人保护法》第 11 条“任何组织或者个人发现不利于未成年人身心健康或者侵犯未成年人合法权益的情形，都有权劝阻、制止或者向公安、民政、教育等有关部门提出检举、控告。国家机关、居民委员会、村民委员会、密切接触未成年人的单位及其工作人员，在工作中发现未成年人身心健康受到侵害、疑似受到侵害或者面临其他危险情形的，应当立即向公安、民政、教育等有关部门报告。有关部门接到涉及未成年人的检举、控告或者报告，应当依法及时受理、处置，并以适当方式将处理结果告知相关单位和人员”之规定，对于王老五不让他女儿接受义务教育的行为，任何组织或者个人都可以提出检举、控告。当地乡镇人民政府或者县级人民政府教育行政部门发现或者接到相关线索后，应当对王老五进行批评教育，责令限期改正。

9. 张三：前两天听说我家二娃子班上有两个同学放暑假游泳的时候淹死了。他们家长可以找谁赔偿？

答：这两名同学在暑假期间游泳被淹死，应当由谁承担赔偿责任，要根据具体情况确定。

首先，这两名同学的监护人应当承担责任。依照《未成年人保护法》第 7 条第 1 款“未成年人的父母或者其他监护人依法对未成年人承担监护职责”，第 16 条“未成年人的父母或者其他监护人应当履行下列监护职责：（一）为未成年人提供生活、健康、安全等方面的保障……（四）对未成年人进行安全教育，提高未成年人的自我保护意识和能力……”之规定，这两名同学的监护人应当为子女提供安全保障，对子女进行安全教育，提高子女的自我保护意识，两名同学暑假期间游泳被淹死，其监护人应当承担责任。

其次，这两名同学游泳场所的经营者、管理者等可能承担相应责任。依照《民法典》第 1198 条第 1 款“宾馆、商场、银行、车站、机场、体育场馆、娱乐场所等经营场所、公共场所的经营者、管理者或者群众性活动的组织者，未尽到安全保障义务，造成他人损害的，应当承担侵权责任”之规定，如果游泳场所的经营者、管理者未尽到安全保障义务，则应当承担侵权责任。

最后，学校不承担责任。依照《民法典》第 1199 条“无民事行为能力人在幼儿园、学校或者其他教育机构学习、生活期间受到人身损害的，幼儿园、学校或者其他教育机构应当承担侵权责任；但是，能够证明尽到教育、管理职责的，不承担侵权责任”，第 1200 条“限制民事行为能力人在学校或者其他教育机构学习、生活期间受到人身损害，学校或者其他教育机构未尽到教育、管理职责的，应当承担侵权责任”之规定，这两名同学是在暑假期间下河游泳，事发时已经脱离学校的监管，故学校不承担责任。但学校应当在日常教学中对学生加强安全教育，不断提升学生的安全意识。

02

第二章

“出行”的那些法律事儿

10. 张三：我忘记给车子续保险了。前几天我开车送翠花回娘家的时候和王老五撞车了，不仅两个车撞烂了，而且翠花和王老五都受了轻伤。交警部门认定王老五承担主要责任，我承担次要责任，翠花不承担责任。这个交通事故该怎么赔呢？

答：依照《民法典》第 1165 条第 1 款“行为人因过错侵害他人民事权益造成损害的，应当承担侵权责任”，第 1208 条“机动车发生交通事故造成损害的，依照道路交通安全法律和本法的有关规定承担赔偿责任”之规定，根据你的陈述，本次交通事故造成的损害应当由你和王老五共同承担赔偿责任。

依照《民法典》第 1213 条“机动车发生交通事故造成损害，属于该机动车一方责任的，先由承保机动车强制保险的保险人在强制保险责任限额范围内予以赔偿；不足部分，由承保机动车商业保险的保险人按照保险合同的约定予以赔偿；仍然不足或者没有投保机动车商业保险的，由侵权人赔偿”，最高人民法院《关于审理道路交通事故损害赔偿案件适用法律若干问题的解释》第 16 条“未依法投保交强险的机动车发生交通事故造成损害，当事人请求投保义务人在交强险责任限额范围内予以赔偿的，人民法院应予支持。投保义务人和侵权人不是同一人，当事人请求投保义务人和侵权人在交强险责任限额范围内承担相应责任的，人民法院应予支持”，《机动车交通事故责任强制保险条例》第 23 条第 1 款“机动车交通事故责任强制保险在全国范围内实行统一的责任限额。责任限额分为死亡伤残赔偿限额、医疗费用赔偿限额、财产损失赔偿限额以及被保险人在道路交通事故中无责任的赔偿限额"之规定，因你驾驶的是机动车并且该车已经脱保，所以王老五遭受的人身、车辆损害，应由保险公司在交强险责任限额范围内承担的，由你个人赔偿；超过交强险责任限额范围的损失由你和王老五按照事故责任比例承担。对于翠花的人身损害和你的车辆损失，先由王老五投保的保险公司在交强险责任限额范围内承担赔偿责任，不足部分由你和王老五按照事故责任比例承担，王老五投保的保险公司按照保险合同约定在商业三者险保险责任限额范围内按王老五应承担的责任承担替代赔偿责任，仍有不足的部分由王老五承担。

11. 张三：我和王老五没有就车祸的赔偿达成一致，我准备起诉王老五。翠花是跟我一起起诉，还是单独起诉？如果翠花单独起诉，是不是要把我一起告了？

答：翠花应该另行起诉。翠花主张的是人身损害赔偿，你主张的是财产损害赔偿，二者权利主体、主张权利性质均不同，不是必要共同诉讼。

关于起诉对象，依照最高人民法院《关于审理道路交通事故损害赔偿案件适用法律若干问题的解释》第 22 条"人民法院审理道路交通事故损害赔偿案件，应当将承保交强险的保险公司列为共同被告。但该保险公司已经在交强险责任限额范围内予以赔偿且当事人无异议的除外。人民法院审理道路交通事故损害赔偿案件，当事人请求将承保商业三者险的保险公司列为共同被告的，人民法院应予准许”之规定，如果翠花通过诉讼的方式进行维权，她起诉的对象一般情况下应该是你、王老五以及车辆投保的保险公司。当然，翠花和你是夫妻，她可以选择起诉你，也可以选择不起诉你。但是如果翠花选择不起诉你，因你在本次事故中需要承担次要责任，因此翠花应在起诉赔偿总额中预先扣除你应该承担赔偿责任的部分。

12. 张三：王老五昨天说，他开的车是李四卖给他的“报废车”，要告也应该把李四一起告了。他说的对不对？

答：依照《民法典》第 1214 条“以买卖或者其他方式转让拼装或者已经达到报废标准的机动车，发生交通事故造成损害的，由转让人和受让人承担连带责任”，最高人民法院《关于审理道路交通事故损害赔偿案件适用法律若干问题的解释》第 4 条“拼装车、已达到报废标准的机动车或者依法禁止行驶的其他机动车被多次转让，并发生交通事故造成损害，当事人请求由所有的转让人和受让人承担连带责任的，人民法院应予支持”之规定，如果翠花请求李四和王老五承担连带责任，人民法院将予以支持。

13. 张三：翠花受伤了，她可以主张哪些赔偿？听说还可以主张精神损失费，是不是真的呢？

答：依照《民法典》第 1179 条“侵害他人造成人身损害的，

应当赔偿医疗费、护理费、交通费、营养费、住院伙食补助费等为治疗和康复支出的合理费用，以及因误工减少的收入。造成残疾的，还应当赔偿辅助器具费和残疾赔偿金；造成死亡的，还应当赔偿丧葬费和死亡赔偿金"，第 1183 条第 1 款"侵害自然人人身权益造成严重精神损害的，被侵权人有权请求精神损害赔偿"之规定，交通事故受害人有权主张医疗费、护理费、交通费、营养费、住院伙食补助费、误工费。造成残疾的，可以主张辅助器具费和残疾赔偿金；造成死亡的，可以主张丧葬费和死亡赔偿金。如果受害人有被扶养人，可以主张被扶养人生活费，被扶养人生活费计入残疾赔偿金或者死亡赔偿金。另外，侵害自然人人身权益造成严重精神损害的，被侵权人可以主张精神损害赔偿。

关于医疗费，其赔偿数额按照一审法庭辩论终结前实际发生的数额确定。器官功能恢复训练所必要的康复费、适当的整容费以及其他后续治疗费，赔偿权利人可以待实际发生后另行起诉。但根据医疗证明或者鉴定结论确定必然发生的费用，可以与已经发生的医疗费一并主张。

关于护理费，其赔偿数额按照护理人员的收入状况和护理人数、护理期限确定。护理人员有收入的，参照误工费的规定计算；护理人员没有收入或者雇佣护工的，参照当地护工从事同等级别护理的劳务报酬标准计算。护理人员原则上为一人，但医疗机构或者鉴定机构有明确意见的，可以参照确定护理人员人数。护理期限应计算至受害人恢复生活处理能力时止。受害人因残疾不能恢复生活自理能力的，可以根据其年龄、健康状况等因素确定合理的护理期限，但最长不超过20年。受害人定残后的护理，应当根据其护理依赖程度并结合配制残疾辅助器具的情况确定护理级别。

关于交通费，其赔偿数额根据受害人及其必要的陪护人员因就医或者转院治疗实际发生的费用计算。交通费应当以正式票据为凭，有关凭据应当与就医地点、时间、人数、次数相符合。

关于营养费，其赔偿数额根据受害人伤残情况参照医疗机构的意见确定。

关于住院伙食补助费，其赔偿数额可以参照当地国家机关一般工作人员的出差伙食补助标准予以确定。受害人确有必要到外地治疗，出于客观原因不能住院，受害人本人及其陪护人员实际发生的住宿费和伙食费，其合理部分应予赔偿。

关于误工费，其赔偿数额根据受害人的误工时间和收入状况确定。误工时间根据受害人接受治疗的医疗机构出具的证明确定。受害人因伤致残持续误工的，误工时间可以计算至定残日前一天。受害人有固定收入的，误工费按照实际减少的收入计算；受害人无固定收入的，按照其最近3年的平均收入计算；受害人不能举证证明其最近3年的平均收入状况的，可以参照受诉法院所在地相同或者相近行业上一年度职工的平均工资计算。

关于残疾辅助器具费，其赔偿数额按照普通适用器具的合理费用标准计算。伤情有特殊需要的，可以参照辅助器具配制机构的意见确定相应的合理费用标准。辅助器具的更换周期和赔偿期限参照配制机构的意见确定。

关于残疾赔偿金，其赔偿数额根据受害人丧失劳动能力程度或者伤残等级，按照受诉法院所在地上一年度城镇居民人均可支配收入标准，自定残之日起按 20 年计算。但 60 周岁以上的，年龄每增加 1 岁减少 1 年；75 周岁以上的，按 5 年计算。受害人因伤致残但实际收入没有减少，或者伤残等级较轻但造成职业妨害严重影响其劳动就业的，可以对残疾赔偿金作相应调整。

关于丧葬费，其赔偿数额按照受诉法院所在地上一年度职工月平均工资标准，以 6 个月总额计算。

关于死亡赔偿金，其赔偿数额按照受诉法院所在地上一年度城镇居民人均可支配收入标准，按 20 年计算。但 60 周岁以上的，年龄每增加 1 岁减少 1 年；75 周岁以上的，按 5 年计算。

关于被扶养人生活费，其赔偿数额根据扶养人丧失劳动能力程度，按照受诉法院所在地上一年度城镇居民人均消费支出标准计算。被扶养人为未成年人的，计算至 18 周岁；被扶养人无劳动能力又无其他生活来源的，计算 20 年。但 60 周岁以上的，年龄每增加 1 岁减少 1 年；75 周岁以上的，按 5 年计算。被扶养人生活费计入残疾赔偿金或者死亡赔偿金。被扶养人是指受害人依法应当承担扶养义务的未成年人或者丧失劳动能力又无其他生活来源的成年近亲属。被扶养人还有其他扶养人的，赔偿义务人只赔偿受害人依法应当负担的部分。被扶养人有数人的，年赔偿总额累计不超过上一年度城镇居民人均消费支出额。

关于精神损害赔偿，一般根据受害人的伤残等级或死亡情况确定。虽不构成伤残等级或未造成死亡，但确实给受害人造成严重精神损害的，由人民法院根据个案情况酌情确定。

14. 张三：翠花的案子法院判决后，王老五和李四已经把钱赔了。翠花的医疗费还可不可以用“医保”报销呢?

答：依照《社会保险法》第30条第1款“下列医疗费用不纳入基本医疗保险基金支付范围：（一）应当从工伤保险基金中支付的；（二）应当由第三人负担的；（三）应当由公共卫生负担的；（四）在境外就医的”之规定，因翠花在此次交通事故中产生的医疗费应当由第三人负担，故翠花的医疗费不应纳入基本医疗保险基金支付范围。

另外，依照《社会保险基金先行支付暂行办法》第2条第1款“参加基本医疗保险的职工或者居民（以下简称个人）由于第三人的侵权行为造成伤病的，其医疗费用应当由第三人按照确定的责任大小依法承担。超过第三人责任部分的医疗费用，由基本医疗保险基金按照国家规定支付”之规定，如果翠花在本次事故中应承担责任，则超过第三人责任部分的医疗费用，可以由基本医疗保险基金按照国家规定支付。

15. 张三：昨天我开车去“赶场”，回来时赵六非要搭顺风车，结果避让车子时我把车开到沟里去了，赵六脑壳受了点轻伤。我是出于好心搭的他，要是赵六喊我赔，我该不该赔?

答：依照《民法典》第1217条“非营运机动车发生交通事

故造成无偿搭乘人损害，属于该机动车一方责任的，应当减轻其赔偿责任，但是机动车使用人有故意或者重大过失的除外"之规定，如果本次事故经认定你应当承担责任，那么你就有义务赔偿赵六。但由于你是无偿搭乘赵六，除非你有故意或重大过失，否则应当减轻你的赔偿责任。

16. 张三：我和赵六签了个协议，我赔他 200 元，他以后不管出现啥问题都不得再找我。但是，今天赵六的老婆说，赵六一直喊头晕，已经住院去了。我和赵六签的这个协议有没有法律效力？他要是以后还要找我赔该怎么办呢？

答：依照《民法典》第 143 条"具备下列条件的民事法律行为有效：（一）行为人具有相应的民事行为能力；（二）意思表示真实；（三）不违反法律、行政法规的强制性规定，不违背公序良俗"之规定，当事人自愿、合法达成的协议对当事人具有约束力，各方均应依约履行，不得反悔。但依照《民法典》第 147 条"基于重大误解实施的民事法律行为，行为人有权请求人民法院或者仲裁机构予以撤销"，第 151 条"一方利用对方处于危困状态、缺乏判断能力等情形，致使民事法律行为成立时显失公平的，受损害方有权请求人民法院或者仲裁机构予以撤销"之规定，如果你和赵六签订协议存在上述情形，则有权请求人民法院或者仲裁机构予以撤销。

17. 张三：我每天开车到镇上接送孙子上学，同村的两个家长喊我把他们的娃儿也一起接送，每天给我5元。这种情况下要是发生交通事故，我要承担什么责任呢？

答：先撇开你收费不说，你问的这个情况和你搭乘翠花发生交通事故的处理结果是一样的，即由侵权人按照事故责任比例依法承担赔偿责任。需要提醒的是，你这种收费的行为本质上属于“有偿拼车”，可能被认定为非法营运，而非法营运的车辆发生交通事故后保险公司有权拒赔。

18. 张三：赵六这个事给我刺激很大，我把车卖了。对方给了钱后就把车开走了，约定月底过户。请问这种情况下要是对方驾驶车辆出了事故，我需不需要负责？

答：依照《民法典》第1210条“当事人之间已经以买卖或者其他方式转让并交付机动车但是未办理登记，发生交通事故造成损害，属于该机动车一方责任的，由受让人承担赔偿责任”，最高人民法院《关于审理道路交通事故损害赔偿案件适用法律若干问题的解释》第2条“被多次转让但是未办理登记的机动车发生交通事故造成损害，属于该机动车一方责任，当事人请求由最后一次转让并交付的受让人承担赔偿责任的，人民法院应予支持”之规定，虽然车辆还没有完成过户登记，但事实上已经实际交付，此种情形下如果受让方驾驶车辆发生交通事故，你无须承担责任。

当然，如果转让的是拼装或者已经达到报废标准的机动车，则转让人和受让人要承担连带责任。

19. 张三：我坐飞机到广东参加侄儿婚礼，到机场后被告知飞机要晚点 7 个小时。这种情况我可不可以要求办理退票或者要求航空公司赔偿损失？

答：依照《民法典》第 820 条"承运人应当按照有效客票记载的时间、班次和座位号运输旅客。承运人迟延运输或者有其他不能正常运输情形的，应当及时告知和提醒旅客，采取必要的安置措施，并根据旅客的要求安排改乘其他班次或者退票；由此造成旅客损失的，承运人应当承担赔偿责任，但是不可归责于承运人的除外"，第 180 条第 1 款"因不可抗力不能履行民事义务的，不承担民事责任。法律另有规定的，依照其规定"之规定，如果飞机晚点，航空公司会及时履行告知和提醒义务，此种情形下你可以要求航空公司采取必要的安置措施，并根据你的要求退票或安排改乘其他班次。如果因此造成损失，你可以要求航空公司承担赔偿责任，但飞机晚点的原因不可归责于航空公司的除外。

20. 张三：近段时间确实有点不顺，就连带孙子在公园里玩耍都心里发慌，这个跑道上有骑车的、跑步的，还有走路的。要是有人在公园里被别人骑车撞伤了，该怎么办呢？

答：依照《民法典》第 1198 条"宾馆、商场、银行、车站、机场、体育场馆、娱乐场所等经营场所、公共场所的经营者、管理者或者群众性活动的组织者，未尽到安全保障义务，造成他人损害的，应当承担侵权责任。因第三人的行为造成他人损害的，由第三人承担侵权责任；经营者、管理者或者组织者未尽到安全保障义务的，承担相应的补充责任。经营者、管理者或者组织者承担补充责任后，可以向第三人追偿”之规定，如果有人在公园里被人骑车撞伤了，应当由骑车的人承担侵权责任。如果有证据证明公园的管理者未尽到安全保障义务，则公园的管理者应承担相应的补充责任。

03

第三章

“打工”的那些法律事儿

21. 张三：我最近找了一份工作，公司要求我先交2000元押金再签合同，公司的这个要求合不合法？

答：依照《劳动合同法》第9条“用人单位招用劳动者，不得扣押劳动者的居民身份证和其他证件，不得要求劳动者提供担保或者以其他名义向劳动者收取财物”，第84条第2款“用人单位违反本法规定，以担保或者其他名义向劳动者收取财物的，由劳动行政部门责令限期退还劳动者本人，并以每人五百元以上二千元以下的标准处以罚款；给劳动者造成损害的，应当承担赔偿责任”之规定，用人单位在招用劳动者时不得向劳动者收取财物。如果公司已经收取了押金，你有权要求公司退还。如果公司不同意退还，你可以向劳动行政部门投诉，由劳动行政部门责令限期退还。

22. 张三：我在公司已经上班3个月了，因为没有交押金，公司就一直没有和我签合同。我该怎么办呢？

答：依照《劳动合同法》第10条第1款和第2款“建立劳动关系，应当订立书面劳动合同。已建立劳动关系，未同时订立书面劳动合同的，应当自用工之日起一个月内订立书面劳动合同”、第82条第1款“用人单位自用工之日起超过一个月不满一年未与劳动者订立书面劳动合同的，应当向劳动者每月支付二倍的工资”之规定，用人单位与劳动者建立劳动关系，应当自用工之日起1个月内与其签订书面劳动合同；用人单位自用工之日起超过1个月不满1年未与劳动者订立书面劳动合同的，应当向劳动者每月支付2倍的工资。如果你的陈述属实，你有权要求公司与你签订书面劳动合同，并要求公司从你入职满 1 个月的次日起至满 1 年止每月支付你 2 倍的工资。如果公司拒绝，你有权向劳动行政部门申请仲裁。

依照《劳动合同法》第 14 条第 3 款“用人单位自用工之日起满一年不与劳动者订立书面劳动合同的，视为用人单位与劳动者已订立无固定期限劳动合同”之规定，用人单位自用工之日起满 1 年未与劳动者签订劳动合同，视为双方已订立无固定期限劳动合同。

23. 张三：前几天，公司跟我签订了 2 年的劳动合同，约定试用期 3 个月。这个约定合法吗？

答：不合法。依照《劳动合同法》第 19 条“劳动合同期限三个月以上不满一年的，试用期不得超过一个月；劳动合同期限一年以上不满三年的，试用期不得超过二个月；三年以上固定期限和无固定期限的劳动合同，试用期不得超过六个月……”之规定，公司与你签订的是两年的劳动合同，故试用期不得超过 2 个月。

24. 张三：我与公司签合同约定月工资为 5000 元，但公司说试用期工资少些，只给我发了 2000 元。这个对不对？

答：依照《劳动合同法》第 20 条“劳动者在试用期的工资不得低于本单位相同岗位最低档工资或者劳动合同约定工资的百分之八十，并不得低于用人单位所在地的最低工资标准”之规定，公司给你的试用期工资不符合法律规定，你有权要求公司补足你所在公司相同岗位最低档工资或约定工资的80%，且不得低于你公司所在地的最低工资标准。

25. 张三：公司觉得我干得不错，花了10万元专门送我去深造，但要求我必须干满10年。现在我已经干了5年，最近有点想跳槽。如果我不在这个公司干了，是不是要把这10万元的培训费赔给公司？

答：依照《劳动合同法》第22条第1款和第2款“用人单位为劳动者提供专项培训费用，对其进行专业技术培训的，可以与该劳动者订立协议，约定服务期。劳动者违反服务期约定的，应当按照约定向用人单位支付违约金。违约金的数额不得超过用人单位提供的培训费用。用人单位要求劳动者支付的违约金不得超过服务期尚未履行部分所应分摊的培训费用”之规定，如果你的陈述属实，你应当向公司支付违约金。但因为你已经在公司工作了5年，所以违约金数额不应超过服务期尚未履行部分所应分摊的培训费用5万元，即（10万元/10年×5年）。

26. 张三：公司有3个月没有发工资了，我能不能直接向法院起诉要求公司发工资，或者要求解除劳动合同并要求公司赔钱呢？

答：依照《劳动合同法》第30条第1款“用人单位应当按照

劳动合同约定和国家规定，向劳动者及时足额支付劳动报酬”，《劳动争议调解仲裁法》第 5 条“发生劳动争议，当事人不愿协商、协商不成或者达成和解协议后不履行的，可以向调解组织申请调解；不愿调解、调解不成或者达成调解协议后不履行的，可以向劳动争议仲裁委员会申请仲裁；对仲裁裁决不服的，除本法另有规定的外，可以向人民法院提起诉讼”之规定，如果你与公司就拖欠工资已进行结算，你可以直接向人民法院提起诉讼；如果你与公司就拖欠工资未进行结算，就工资没有及时发放的问题你不能直接向人民法院提起诉讼，但可以向调解组织申请调解，调解不成的向劳动争议仲裁委员会申请仲裁，对仲裁裁决不服的，你才可以向人民法院提起诉讼。

依照《劳动合同法》第 38 条第 1 款“用人单位有下列情形之一的，劳动者可以解除劳动合同：（一）未按照劳动合同约定提供劳动保护或者劳动条件的；（二）未及时足额支付劳动报酬的；（三）未依法为劳动者缴纳社会保险费的；（四）用人单位的规章制度违反法律、法规的规定，损害劳动者权益的；（五）因本法第二十六条第一款规定的情形致使劳动合同无效的；（六）法律、行政法规规定劳动者可以解除劳动合同的其他情形”，第 46 条“有下列情形之一的，用人单位应当向劳动者支付经济补偿：（一）劳动者依照本法第三十八条规定解除劳动合同的……”之规定，公司未及时足额支付劳动报酬，你有权解除劳动合同并要求公司支付经济补偿。

27. 张三：最近半年我的身体不太好，经常在工作中犯错误，昨天公司以我不能胜任工作为由口头通知我被解聘了。公司这样做违不违法呢？

答：依照《劳动合同法》第40条“有下列情形之一的，用人单位提前三十日以书面形式通知劳动者本人或者额外支付劳动者一个月工资后，可以解除劳动合同：（一）劳动者患病或者非因工负伤，在规定的医疗期满后不能从事原工作，也不能从事由用人单位另行安排的工作的；（二）劳动者不能胜任工作，经过培训或者调整工作岗位，仍不能胜任工作的；（三）劳动合同订立时所依据的客观情况发生重大变化，致使劳动合同无法履行，经用人单位与劳动者协商，未能就变更劳动合同内容达成协议的”之规定，如果你不能胜任工作，经过培训或调整工作岗位，仍不能胜任，用人单位可以提前30日以书面形式通知你本人或者额外支付你1个月工资后，与你解除劳动合同。如果公司仅仅以口头形式通知你被解聘，并未提前30日以书面形式通知你或者额外支付你1个月工资，那么不能视为已经依法解除了与你签订的劳动合同。

如果公司违法解除或者终止劳动合同，依照《劳动合同法》第87条“用人单位违反本法规定解除或者终止劳动合同的，应当依照本法第四十七条规定的经济补偿标准的二倍向劳动者支付赔偿金”，《劳动合同法》第47条“经济补偿按劳动者在本单位工作的年限，每满一年支付一个月工资的标准向劳动者支付。六个月以上不满一年的，按一年计算；不满六个月的，向劳动者支付半个月工资的经济补偿。劳动者月工资高于用人单位所在直辖市、设区的市级人民政府公布的本地区上年度职工月平均工资三倍的，向其支付经济补偿的标准按职工月平均工资三倍的数额支付，向其支付经济补偿的年限最高不超过十二年。本条所称月工资是指劳动者在劳动合同解除或者终止前十二个月的平均工资"之规定，你有权向公司主张赔偿金。

28. 张三：王老五最近在工作中被机器弄断了手，被认定为丧失部分劳动能力，公司要与他解除劳动合同。公司可以这样做吗？

答：依照《劳动合同法》第 42 条"劳动者有下列情形之一的，用人单位不得依照本法第四十条、第四十一条的规定解除劳动合同：（一）从事接触职业病危害作业的劳动者未进行离岗前职业健康检查，或者疑似职业病病人在诊断或者医学观察期间的；（二）在本单位患职业病或者因工负伤并被确认丧失或者部分丧失劳动能力的；（三）患病或者非因工负伤，在规定的医疗期内的；（四）女职工在孕期、产期、哺乳期的；（五）在本单位连续工作满十五年，且距法定退休年龄不足五年的；（六）法律、行政法规规定的其他情形"之规定，王老五因工负伤并被认定为丧失部分劳动能力，公司不能因此与其解除劳动合同。

依照《劳动合同法》第 39 条"劳动者有下列情形之一的，用人单位可以解除劳动合同：（一）在试用期间被证明不符合录用条件的；（二）严重违反用人单位的规章制度的；（三）严重失职，营私舞弊，给用人单位造成重大损害的；（四）劳动者同时与其他用人单位建立劳动关系，对完成本单位的工作任务造成严重影响，或者经用人单位提出，拒不改正的；（五）因本法第二十六条第一款第一项规定的情形致使劳动合同无效的；（六）被依法追究刑事责任的”之规定，如果王老五具有上述法定情形，则公司可以与其解除劳动合同。

04

第四章

“工伤”的那些法律事儿

29. 张三：翠花上个月骑电动车上班，自己不小心在路上摔倒了，造成小腿和手臂骨折，听他们说上班路上受伤也算工伤，是不是真的？

答：依照《工伤保险条例》第 14 条“职工有下列情形之一的，应当认定为工伤……（六）在上下班途中，受到非本人主要责任的交通事故或者城市轨道交通、客运轮渡、火车事故伤害的……”之规定，翠花虽然是在上班途中摔倒并骨折，但根据你的陈述，翠花骑电动车摔倒系单方事故，不是非本人主要责任的交通事故，也不是城市轨道交通、客运轮渡、火车事故造成，故依法不应当认定为工伤。

30. 张三：前段时间我在物业公司上班时，因阻止业主占用公用绿地被打伤了眼睛，被鉴定为八级伤残，经社区调解，业主赔了钱。但我听说还可以申请工伤，我这种情况可不可以申请工伤？

答：依照《工伤保险条例》第 14 条“职工有下列情形之一的，应当认定为工伤：（一）在工作时间和工作场所内，因工作原因受到事故伤害的；（二）工作时间前后在工作场所内，从事与工作有关的预备性或者收尾性工作受到事故伤害的；（三）在工作时间和工作场所内，因履行工作职责受到暴力等意外伤害的；（四）患职业病的；（五）因工外出期间，由于工作原因受到伤害或者发生事故下落不明的；（六）在上下班途中，受到非本人主要责任的交通事故或者城市轨道交通、客运轮渡、火车事故伤害的；（七）法律、行政法规规定应当认定为工伤的其他情形”，第15条“职工有下列情形之一的，视同工伤：（一）在工作时间和工作岗位，突发疾病死亡或者在48小时之内经抢救无效死亡的；（二）在抢险救灾等维护国家利益、公共利益活动中受到伤害的；（三）职工原在军队服役，因战、因公负伤致残，已取得革命伤残军人证，到用人单位后旧伤复发的。职工有前款第（一）项、第（二）项情形的，按照本条例的有关规定享受工伤保险待遇；职工有前款第（三）项情形的，按照本条例的有关规定享受除一次性伤残补助金以外的工伤保险待遇”，第16条“职工符合本条例第十四条、第十五条的规定，但是有下列情形之一的，不得认定为工伤或者视同工伤：（一）故意犯罪的；（二）醉酒或者吸毒的；（三）自残或者自杀的”之规定，你在上班时间因阻止业主占用公用绿地被打伤眼睛，属于履行工作职责受伤，符合《工伤保险条例》第14条第3项的规定，应当依法认定为工伤。

31. 张三：前几天我去找物业公司要求进行工伤认定，但物业公司一直不理我，请问我该怎么办？

答：依照《工伤保险条例》第17条“职工发生事故伤害或者按照职业病防治法规定被诊断、鉴定为职业病，所在单位应当自事故伤害发生之日或者被诊断、鉴定为职业病之日起30日内，向统筹地区社会保险行政部门提出工伤认定申请。遇有特殊情况，经报社会保险行政部门同意，申请时限可以适当延长。用人单位未按前款规定提出工伤认定申请的，工伤职工或者其近亲属、工会组织在事故伤害发生之日或者被诊断、鉴定为职业病之日起1年内，可以直接向用人单位所在地统筹地区社会保险行政部门提出工伤认定申请。按照本条第一款规定应当由省级社会保险行政部门进行工伤认定的事项，根据属地原则由用人单位所在地的设区的市级社会保险行政部门办理。用人单位未在本条第一款规定的时限内提交工伤认定申请，在此期间发生符合本条例规定的工伤待遇等有关费用由该用人单位负担”之规定，物业公司如果未向人力资源和社会保障部门申请工伤认定，你或者你的近亲属可以自事故发生之日起1年内向物业公司所在地人力资源和社会保障部门申请工伤认定，在此期间发生符合《工伤保险条例》规定的工伤待遇等有关费用由物业公司负担。

32. 张三：如果我本人直接申请工伤认定，需要准备哪些材料呢？

答：依照《工伤保险条例》第18条“提出工伤认定申请应当提交下列材料：（一）工伤认定申请表；（二）与用人单位存在劳动关系（包括事实劳动关系）的证明材料；（三）医疗诊断证明或者职业病诊断证明书（或者职业病诊断鉴定书）。工伤认定申请表应当包括事故发生的时间、地点、原因以及职工伤害程度等基本情况。工伤认定申请人提供材料不完整的，社会保险行政部门应当一次性书面告知工伤认定申请人需要补正的全部材料。申请人按照书面告知要求补正材料后，社会保险行政部门应当受理"之规定，你需要按照上述要求准备和提交材料。

33. 张三：我的工伤认定申请已经提交快半个月了，一直没有收到结果。请问这个结果一般多长时间才出来？

答： 依照《工伤保险条例》第20条"社会保险行政部门应当自受理工伤认定申请之日起60日内作出工伤认定的决定，并书面通知申请工伤认定的职工或者其近亲属和该职工所在单位。社会保险行政部门对受理的事实清楚、权利义务明确的工伤认定申请，应当在15日内作出工伤认定的决定。作出工伤认定决定需要以司法机关或者有关行政主管部门的结论为依据的，在司法机关或者有关行政主管部门尚未作出结论期间，作出工伤认定决定的时限中止。社会保险行政部门工作人员与工伤认定申请人有利害关系的，应当回避"之规定，社会保险行政部门应当自受理工伤认定申请之日起60日内作出工伤认定的决定；对受理的事实清楚、权利义务明确的工伤认定申请，应当在15日内作出工伤认定的决定；如作出工伤认定决定需要以司法机关或者有关行政主管部门的结论为依据，在司法机关或者有关行政主管部门尚未作出结论期间，作出工伤认定决定的时限中止。

34. 张三：前几天社会保险行政部门以我与物业公司未签订劳动合同为由驳回了我的工伤认定申请。我该怎么办呢？

答： 依照《工伤保险条例》第55条"有下列情形之一的，

有关单位或者个人可以依法申请行政复议，也可以依法向人民法院提起行政诉讼：（一）申请工伤认定的职工或者其近亲属、该职工所在单位对工伤认定申请不予受理的决定不服的；（二）申请工伤认定的职工或者其近亲属、该职工所在单位对工伤认定结论不服的；（三）用人单位对经办机构确定的单位缴费费率不服的；（四）签订服务协议的医疗机构、辅助器具配置机构认为经办机构未履行有关协议或者规定的；（五）工伤职工或者其近亲属对经办机构核定的工伤保险待遇有异议的”，《行政复议法》第20条第1款和第2款“公民、法人或者其他组织认为行政行为侵犯其合法权益的，可以自知道该行政行为之日起六十日内提出行政复议申请；但是法律规定的申请期限超过六十日的除外。因不可抗力或者其他正当理由耽误法定申请期限的，申请期限自障碍消除之日起继续计算”，第29条“公民、法人或者其他组织申请行政复议，行政复议机关已经依法受理的，在行政复议期间不得向人民法院提起行政诉讼。公民、法人或者其他组织向人民法院提起行政诉讼，人民法院已经依法受理的，不得申请行政复议”，《行政诉讼法》第44条“对属于人民法院受案范围的行政案件，公民、法人或者其他组织可以先向行政机关申请复议，对复议决定不服的，再向人民法院提起诉讼；也可以直接向人民法院提起诉讼。法律、法规规定应当先向行政机关申请复议，对复议决定不服再向人民法院提起诉讼的，依照法律、法规的规定”，第46条“公民、法人或者其他组织直接向人民法院提起诉讼的，应当自知道或者应当知道作出行政行为之日起六个月内提出。法律另有规定的除外。因不动产提起诉讼的案件自行政行为作出之日起超过二十年，其他案件自行政行为作出之日起超过五年提起诉讼的，人民法院不予受理”之规定，你可以自知道社会保险行政部门作出驳回你的工伤申请之日起60日内提出行政复议申请，对复议决定不服的，再向人民法院提起诉讼；也可以自知道或者应当知道社会保险行政部门作出驳回你的工伤申请之日起6个月内直接向人民法院提起诉讼。

35. 张三：经行政复议，社会保险行政部门已经确定我这个情况属于工伤，在要求赔偿前，我还需要做什么吗？

答：依照《工伤保险条例》第21条“职工发生工伤，经治疗伤情相对稳定后存在残疾、影响劳动能力的，应当进行劳动能力鉴定”，第22条“劳动能力鉴定是指劳动功能障碍程度和生活自理障碍程度的等级鉴定。劳动功能障碍分为十个伤残等级，最重的为一级，最轻的为十级。生活自理障碍分为三个等级：生活完全不能自理、生活大部分不能自理和生活部分不能自理。劳动能力鉴定标准由国务院社会保险行政部门会同国务院卫生行政部门等部门制定”，第23条“劳动能力鉴定由用人单位、工伤职工或者其近亲属向设区的市级劳动能力鉴定委员会提出申请，并提供工伤认定决定和职工工伤医疗的有关资料”之规定，工伤认定结果出具后，如果存在残疾、影响劳动能力的情况，应当进行劳动能力鉴定。劳动能力鉴定由物业公司、你或者你的近亲属向设区的市级劳动能力鉴定委员会提出申请，鉴定事项包括劳动能力鉴定以及生活自理障碍程度的等级鉴定，鉴定时应提供工伤认定决定书和职工工伤医疗的有关资料。

36. 张三：有人跟我说因为业主已经赔了钱，我一个伤不能赔偿两次，所以不能再申请工伤赔偿。法律究竟是怎么规定的呢？

答：依照最高人民法院《关于审理人身损害赔偿案件适用法律若干问题的解释》第 3 条“依法应当参加工伤保险统筹的用人单位的劳动者，因工伤事故遭受人身损害，劳动者或者其近亲属向人民法院起诉请求用人单位承担民事赔偿责任的，告知其按《工伤保险条例》的规定处理。因用人单位以外的第三人侵权造成劳动者人身损害，赔偿权利人请求第三人承担民事赔偿责任的，人民法院应予支持”之规定，因你受到的人身损害系在工作期间物业公司以外的第三人侵权所致，故你既是工伤事故中的受伤职工，又是人身侵权的受害人。基于你的双重主体身份，你既有权享受工伤保险待遇，又有权向侵权人主张人身损害赔偿。但依照最高人民法院《关于审理工伤保险行政案件若干问题的规定》第 8 条第 3 款“职工因第三人的原因导致工伤，社会保险经办机构以职工或者其近亲属已经对第三人提起民事诉讼为由，拒绝支付工伤保险待遇的，人民法院不予支持，但第三人已经支付的医疗费用除外”之规定，第三人已经支付的医疗费用不能获得双重赔偿。

37. 张三：我昨天才得知，物业公司不给我申报工伤，是因为没有给我缴纳工伤保险。我现在该怎么办呢？我的工伤保险待遇找谁要求呢？

答：依照《工伤保险条例》第62条第2款“依照本条例规定应当参加工伤保险而未参加工伤保险的用人单位职工发生工伤的，由该用人单位按照本条例规定的工伤保险待遇项目和标准支付费用”之规定，因物业公司没有为你缴纳工伤保险费，因此物业公司应按规定的工伤保险待遇项目和标准向你支付费用。

38. 张三：我这个情况能够获得哪些工伤损害赔偿？

答：依照《工伤保险条例》规定，工伤保险赔偿的项目有工伤医疗费用、残疾辅助器具费用、停工留薪期工资、生活护理费、一次性就业补助金、一次性工伤医疗补助金、一次性伤残补助金、伤残津贴等。具体计算标准如下：

（1）医疗费、残疾辅助器具费：以实际产生的为准。

（2）停工留薪期工资。

（3）生活护理费：按统筹地区上年度月平均工资标准逐月支付。生活完全不能自理的为50%；生活大部分不能自理的为40%；生活部分不能自理的为30%。

（4）一次性就业补助金（以四川省为例），见表4－1。

表 4-1 四川省一次性就业补助金

伤残等级	补助金计算	伤残等级	补助金计算
五级伤残	省月平均工资 ×60 个月	八级伤残	省月平均工资 ×18 个月
六级伤残	省月平均工资 ×48 个月	九级伤残	省月平均工资 ×10 个月
七级伤残	省月平均工资 ×26 个月	十级伤残	省月平均工资 ×6 个月

依照《〈四川省工伤保险条例〉实施办法》第 7 条第 1 款“五级、六级工伤职工本人提出与用人单位解除或者终止劳动人事关系，以及七级至十级工伤职工本人提出与用人单位解除劳动、聘用合同时，距法定退休年龄 5 年以上（含 5 年）的，一次性伤残就业补助金由用人单位全额支付；距法定退休年龄不足 5 年的，一次性伤残就业补助金由用人单位按下列标准支付：距法定退休年龄 4 年以上（含 4 年）不足 5 年的，按全额的 80% 支付；距法定退休年龄 3 年以上（含 3 年）不足 4 年的，按全额的 60% 支付；距法定退休年龄 2 年以上（含 2 年）不足 3 年的，按全额的 40% 支付；距法定退休年龄 1 年以上（含 1 年）不足 2 年的，按全额的 20% 支付；距法定退休年龄不足 1 年的，按全额的 10% 支付”之规定，距离退休年龄不足 5 年，应按上述规定递减。

（5）一次性工伤医疗补助金（以四川省为例），见表 4-2。

表 4-2 四川省一次性工伤医疗补助金

伤残等级	补助金计算	伤残等级	补助金计算
五级伤残	省月平均工资 ×14 个月	八级伤残	省月平均工资 ×8 个月
六级伤残	省月平均工资 ×12 个月	九级伤残	省月平均工资 ×6 个月
七级伤残	省月平均工资 ×10 个月	十级伤残	省月平均工资 ×4 个月

（6）一次性伤残补助金，按月工资标准计算，见表4－3。

表4－3　一次性伤残补助金

伤残等级	补助金计算	伤残等级	补助金计算
一级伤残	本人工资×27个月	六级伤残	本人工资×16个月
二级伤残	本人工资×25个月	七级伤残	本人工资×13个月
三级伤残	本人工资×23个月	八级伤残	本人工资×11个月
四级伤残	本人工资×21个月	九级伤残	本人工资×9个月
五级伤残	本人工资×18个月	十级伤残	本人工资×7个月

（7）伤残津贴（按月支付），见表4－4。

表4－4　伤残津贴

伤残等级	津贴计算	伤残等级	津贴计算
一级伤残	本人工资×90%	四级伤残	本人工资×75%
二级伤残	本人工资×85%	五级伤残	本人工资×70%
三级伤残	本人工资×80%	六级伤残	本人工资×60%

本人工资：工伤职工因工作遭受事故伤害或者患职业病前12个月平均月缴费工资。本人工资高于统筹地区职工平均工资300%的，按照统筹地区职工平均工资的300%计算；本人工资低于统筹地区职工平均工资60%的，按照统筹地区职工平均工资的60%计算。

05

第五章

“借钱”的那些法律事儿

39. 张三：王老五前年在我这里借了 5000 元现金，因为是邻居我就直接把钱给他了，既没有其他人在场，又碍于面子没喊他打借条。昨天我喊他还钱，他不承认。现在我想到法院打官司把钱要回来，可以吗？

答：依照最高人民法院《关于适用〈中华人民共和国民事诉讼法〉的解释》第 90 条“当事人对自己提出的诉讼请求所依据的事实或者反驳对方诉讼请求所依据的事实，应当提供证据加以证明，但法律另有规定的除外。在作出判决前，当事人未能提供证据或者证据不足以证明其事实主张的，由负有举证证明责任的当事人承担不利的后果”之规定，你应当提供证据证明王老五在你处借款，如果王老五否认借款，而你又没有证据证明借款事实，你的诉讼请求不能得到法院支持。

提醒一下，邻里之间相互帮助是中华民族的传统美德，但在涉及大宗财物的借用方面，最好履行书面手续。

40. 张三：李四昨天找我借 2 万元，说年底还我。李四出了借条，王老五在“担保人”处签了名。如果年底李四不还钱，我可不可以直接找王老五要钱？

答：王老五在借条上“担保人”处签名，具有借款担保的法律效力。依照《民法典》第 686 条“保证的方式包括一般保证和连带责任保证。当事人在保证合同中对保证方式没有约定或者约定不明确的，按照一般保证承担保证责任”之规定，因没有载明是何种保证方式，故王老五的保证属于一般保证。

依照《民法典》第687条“……一般保证的保证人在主合同纠纷未经审判或者仲裁，并就债务人财产依法强制执行仍不能履行债务前，有权拒绝向债权人承担保证责任。但是有下列情形之一的除外：（一）债务人下落不明，且无财产可供执行；（二）人民法院已经受理债务人破产案件；（三）债权人有证据证明债务人的财产不足以履行全部债务或者丧失履行债务能力；（四）保证人书面表示放弃本款规定的权利”之规定，如果李四没有在约定期限还款，除非符合上列情形之一，否则王老五有权拒绝承担保证责任。但是如果李四到期不还款，你可以同时起诉李四和王老五，要求李四还款、王老五承担保证责任。如果王老五按照法院判决承担了保证责任，他有权向李四追偿。

41. 张三：前几年我因养猪在银行贷了10万元，李四用他的小汽车提供担保并办理了抵押登记，王老五与银行签订了保证合同，约定对我这笔贷款提供连带责任保证，但没有约定哪个先承担责任。后来我经营亏了，现在银行把我、李四和王老五一起告了，法院会怎么处理呢？

答：如果你的陈述属实，则李四用小汽车担保属于“物的担保”，王老五签订保证合同约定对贷款提供连带责任保证属于

“人的担保”。依照《民法典》第392条“被担保的债权既有物的担保又有人的担保的，债务人不履行到期债务或者发生当事人约定的实现担保物权的情形，债权人应当按照约定实现债权；没有约定或者约定不明确，债务人自己提供物的担保的，债权人应当先就该物的担保实现债权；第三人提供物的担保的，债权人可以就物的担保实现债权，也可以请求保证人承担保证责任。提供担保的第三人承担担保责任后，有权向债务人追偿”之规定，如果银行未与你、李四、王老五就实现债权进行约定或者约定不明，银行可以就李四“物的担保”实现债权，也可以请求保证人王老五承担保证责任。如果实现李四“物的担保”后，仍有债权不能得到清偿，可以请求王老五就剩余债权承担保证责任。当然，无论是李四，还是王老五，他们承担担保责任后，依法都有权向你追偿。

42. 张三：李四去年打电话找我借钱，我通过手机银行给他转了1万元，因为有转账记录，所以事后也没有找他出借条。昨天我喊他还钱，他不承认是借款，说是我给他转的货款。假如我起诉李四，法院会支持我的诉讼请求吗？

答：依照最高人民法院《关于审理民间借贷案件适用法律若干问题的规定》第16条“原告仅依据金融机构的转账凭证提起民间借贷诉讼，被告抗辩转账系偿还双方之前借款或者其他债务的，被告应当对其主张提供证据证明。被告提供相应证据证明其主张后，原告仍应就借贷关系的成立承担举证责任”之规定，如果李四抗辩这1万元是你给付的货款，李四应当提供证据证明。如果李四不能提供证据证明，将承担举证不能的责任，该笔转款将被认定为借款。如果李四提供了证据证明其主张，你要继续就借贷关系的成立承担举证责任。

43. 张三：我侄子2015年5月在我这借了8000元，借条上约定2年内还清。后来他出去打工就失去联系了，我也没有在意，总想到他要回来。前几天听王老五说，我这个钱要不回来了，过了诉讼时效。这是不是真的?

答：诉讼时效是指民事权利人经过法定期限不行使自己的权利，依法律规定其胜诉权归于消灭的制度。依照《民法典》第188条“向人民法院请求保护民事权利的诉讼时效期间为三年。法律另有规定的，依照其规定。诉讼时效期间自权利人知道或者应当知道权利受到损害以及义务人之日起计算。法律另有规定的，依照其规定。但是，自权利受到损害之日起超过二十年的，人民法院不予保护，有特殊情况的，人民法院可以根据权利人的申请决定延长”，第192条第2款“诉讼时效期间届满后，义务人同意履行的，不得以诉讼时效期间届满为由抗辩；义务人已经自愿履行的，不得请求返还”之规定，你侄子向你借款时约定两年内还清，若无诉讼时效中止、中断等情形，在借款期限届满后的3年内即为你向人民法院请求保护民事权利的诉讼时效期间。诉讼时效期间届满后，如果你选择诉讼维权，你侄子以诉讼时效期间届满为由抗辩且经人民法院依法认定，你的权利将不受法律保护；如果你侄子已经自愿还款，他不得请求你返还；如果有证据证明你侄子同意还款，他不得以诉讼时效期间届满为由提出抗辩。

关于诉讼时效中止，依照《民法典》第 194 条“在诉讼时效期间的最后六个月内，因下列障碍，不能行使请求权的，诉讼时效中止：（一）不可抗力；（二）无民事行为能力人或者限制民事行为能力人没有法定代理人，或者法定代理人死亡、丧失民事行为能力、丧失代理权；（三）继承开始后未确定继承人或者遗产管理人；（四）权利人被义务人或者其他人控制；（五）其他导致权利人不能行使请求权的障碍。自中止时效的原因消除之日起满六个月，诉讼时效期间届满”之规定，如果在诉讼时效期间的最后 6 个月内出现了上述情形之一，从该情形发生之日起中止诉讼时效，从该情形消除之日起再计算 6 个月诉讼时效期间。

关于诉讼时效中断，依照《民法典》第 195 条“有下列情形之一的，诉讼时效中断，从中断、有关程序终结时起，诉讼时效期间重新计算：（一）权利人向义务人提出履行请求；（二）义务人同意履行义务；（三）权利人提起诉讼或者申请仲裁；（四）与提起诉讼或者申请仲裁具有同等效力的其他情形”之规定，如果在诉讼时效期间内，出现了上述情形之一，诉讼时效期间从中断、有关程序终结时起重新计算。

44. 张三：前段时间，我大娃子在他同学那里借了2万元，约定借款期限为6个月（2022年3月1日～2022年8月31日），月息一分，服务费每个月一分五，逾期还款每个月加收两分违约金。我感觉有点多，这些约定合法吗？

答：关于民间借贷利息、服务费、违约金等问题，依照《民法典》第680条第1款"禁止高利放贷，借款的利率不得违反国家有关规定"，最高人民法院《关于审理民间借贷案件适用法律若干问题的规定》第28条"借贷双方对逾期利率有约定的，从其约定，但是以不超过合同成立时一年期贷款市场报价利率四倍为限。未约定逾期利率或者约定不明的，人民法院可以区分不同情况处理：（一）既未约定借期内利率，也未约定逾期利率，出借人主张借款人自逾期还款之日起参照当时一年期贷款市场报价利率标准计算的利息承担逾期还款违约责任的，人民法院应予支持；（二）约定了借期内利率但是未约定逾期利率，出借人主张借款人自逾期还款之日起按照借期内利率支付资金占用期间利息的，人民法院应予支持"，第29条"出借人与借款人既约定了逾期利率，又约定了违约金或者其他费用，出借人可以选择主张逾期利息、违约金或者其他费用，也可以一并主张，但是总计超过合同成立时一年期贷款市场报价利率四倍的部分，人民法院不予支持"之规定，不论是借期内还是逾期后的利息、违约金或者其他费用，总计超过合同成立时一年期贷款市场报价利率四倍的部分，人民法院不予支持。你儿子与其同学之间的借款合同成立于 2022 年，其一年期贷款市场报价利率为年利率 3.7%，四倍即为年利率 14.8%。根据你的描述，双方约定的借期内利息、服务费合计为年利率 30%（2.5% ×12 月），逾期利息、服务费、违约金合计为年利率 54%（4.5% ×12 月），均已超过法律规定，其超过部分人民法院将不予支持。

45. 张三：我大娃子离婚后交了个女朋友，前几天分手了。在两个人交朋友期间，大娃子多次通过微信向他女朋友转款共 2 万多元，他女朋友共给他转款 3000 多元。大娃子准备以民间借贷为由提起诉讼，能胜诉吗?

答：借贷作为一种合同关系，首先证明要有借款合意存在。因为双方是情侣关系，不能简单按照最高人民法院《关于审理民间借贷案件适用法律若干问题的规定》第 16 条“原告仅依据金融机构的转账凭证提起民间借贷诉讼，被告抗辩转账系偿还双方之前借款或者其他债务的，被告应当对其主张提供证据证明。被告提供相应证据证明其主张后，原告仍应就借贷关系的成立承担举证责任”之规定来分配举证责任。依照最高人民法院《关于适用〈中华人民共和国民事诉讼法〉的解释》第 90 条“当事人对自己提出的诉讼请求所依据的事实或者反驳对方诉讼请求所依据的事实，应当提供证据加以证明，但法律另有规定的除外。

在作出判决前，当事人未能提供证据或者证据不足以证明其事实主张的，由负有举证证明责任的当事人承担不利的后果”之规定，如果你儿子不能提交证据证明双方有借款合意，就不能认定双方存在民间借贷法律关系，那么你儿子将承担举证不能的法律后果。

06

第六章

“做生意”的那些法律事儿

46. 张三：我在县城开了一家农副产品专卖店，生意还可以，但王家饭店欠我货款大半年了，今天打电话要钱，他还凶得很，没说两句就把电话挂了，我决定到法院告他。除了货款，我还可不可以向他要这大半年的利息呢？

答：依照《民法典》第585条第1款和第2款“当事人可以约定一方违约时应当根据违约情况向对方支付一定数额的违约金，也可以约定因违约产生的损失赔偿额的计算方法。约定的违约金低于造成的损失的，人民法院或者仲裁机构可以根据当事人的请求予以增加；约定的违约金过分高于造成的损失的，人民法院或者仲裁机构可以根据当事人的请求予以适当减少”，最高人民法院《关于审理买卖合同纠纷案件适用法律问题的解释》第18条第4款“买卖合同没有约定逾期付款违约金或者该违约金的计算方法，出卖人以买受人违约为由主张赔偿逾期付款损失，违约行为发生在2019年8月19日之前的，人民法院可以中国人民银行同期同类人民币贷款基准利率为基础，参照逾期罚息利率标准计算；违约行为发生在2019年8月20日之后的，人民法院可以违约行为发生时中国人民银行授权全国银行间同业拆借中心公布的一年期贷款市场报价利率（LPR）标准为基础，加计30—50%计算逾期付款损失”之规定，对方未按照约定的期限付款，是否支付逾期付款违约金要看双方是否约定，如果双方对此有明确约定，除约定的违约金低于或过分高于造成的损失外，原则上按约定执行；如果双方没有约定逾期付款违约金或违约金的计算方法，违约行为发生在2019年8月19日之前，将以中国人民银行同期同类人民币贷款基准利率为基础，参照逾期罚息利率标准计算逾期付款损失；违约行为发生在2019年8月20日之后的，将以违约行为发生时中国人民银行授权全国银行间同业拆借中心公布的一年期贷款市场报价利率（LPR）标准为基础，加计30%～50%计算逾期付款损失。

47. 张三：我在起诉的时候才发现王家饭店已经倒闭了。王家饭店工商登记注册的是个体工商户，但是我知道其实是3个人合伙开的。我可以直接起诉这3个合伙人吗？

答：依照《民法典》第56条“个体工商户的债务，个人经营的，以个人财产承担；家庭经营的，以家庭财产承担；无法区分的，以家庭财产承担。农村承包经营户的债务，以从事农村土地承包经营的农户财产承担；事实上由农户部分成员经营的，以该部分成员的财产承担”，最高人民法院《关于适用〈中华人民共和国民事诉讼法〉的解释》第59条“在诉讼中，个体工商户以营业执照上登记的经营者为当事人。有字号的，以营业执照上登记的字号为当事人，但应同时注明该字号经营者的基本信息。营业执照上登记的经营者与实际经营者不一致的，以登记的经营者和实际经营者为共同诉讼人”之规定，如果营业执照上登记的经营者与实际经营者不一致，你可以将登记的经营者和实际经营者列为共同诉讼人。

48. 张三：半年前，王老五过生日在我店里买了20斤葡萄干，说生日宴结束就给钱。但我昨天找他要钱的时候，他说葡萄干发霉，有人吃了拉肚子，现在不仅不付葡萄干钱还要我赔损失。我该怎么办呢？

答：依照《民法典》第620条“买受人收到标的物时应当在约定的检验期限内检验。没有约定检验期限的，应当及时检验”之规定，王老五收到葡萄干时应当及时检验，在发现或者应当发现葡萄干的质量不符合约定的合理期限内及时通知你。在时隔半年以后你找他收款时他才提出质量问题，明显超出了合理期限。故王老五提出的质量抗辩不应得到支持，他应当向你支付货款。

49. 张三：一个月前我在王老五家订了10只土鸡，总价1300元，我先支付400元定金，说好一个月后我去拿鸡。昨天我和翠花去拿鸡的时候听说这些鸡下了几十个蛋。我喊王老五把蛋给我，他不同意，说这些蛋应该归他。这些蛋究竟该归我还是归他？

答：依照《民法典》第224条“动产物权的设立和转让，自交付时发生效力，但是法律另有规定的除外”，第630条“标的物在交付之前产生的孳息，归出卖人所有；交付之后产生的孳息，归买受人所有。但是，当事人另有约定的除外”之规定，鸡属于动产，鸡的所有权自交付时发生效力。在未交付之前，鸡的所有权仍属于王老五，鸡产下的蛋属于孳息，归出卖人王老五所有。

50. 张三：翠花说王老五不把鸡蛋给我们，我们就不买他的鸡了，但王老五说买不买无所谓，反正定金不退。这个定金我还要得回来吗？

答：依照《民法典》第586条"当事人可以约定一方向对方给付定金作为债权的担保。定金合同自实际交付定金时成立。定金的数额由当事人约定；但是，不得超过主合同标的额的百分之二十，超过部分不产生定金的效力。实际交付的定金数额多于或者少于约定数额的，视为变更约定的定金数额"，第587条"债务人履行债务的，定金应当抵作价款或者收回。给付定金的一方不履行债务或者履行债务不符合约定，致使不能实现合同目的的，无权请求返还定金；收受定金的一方不履行债务或者履行债务不符合约定，致使不能实现合同目的的，应当双倍返还定金"之规定，如果你不购买王老五家这10只鸡，你无权要求王老五返还定金。但因你们交易的标的额是1300元，定金最高不能超过标的额的20%即260元，因此你可以要求王老五退还你140元。

51. 张三：前段时间，我因为要经常下乡收货就花15 000元买了李四的一辆二手货车，钱货两清后由于太忙了一直没有办理过户手续。今天李四找到我，说有人出20 000元买他这个车，他已经和对方办理过户手续了。现在喊我把车还给他，他退我15 000元。这个车子究竟该归谁？

答：依照最高人民法院《关于审理买卖合同纠纷案件适用法

律问题的解释》第 7 条“出卖人就同一船舶、航空器、机动车等特殊动产订立多重买卖合同，在买卖合同均有效的情况下，买受人均要求实际履行合同的，应当按照以下情形分别处理：（一）先行受领交付的买受人请求出卖人履行办理所有权转移登记手续等合同义务的，人民法院应予支持；（二）均未受领交付，先行办理所有权转移登记手续的买受人请求出卖人履行交付标的物等合同义务的，人民法院应予支持；（三）均未受领交付，也未办理所有权转移登记手续，依法成立在先合同的买受人请求出卖人履行交付标的物和办理所有权转移登记手续等合同义务的，人民法院应予支持；（四）出卖人将标的物交付给买受人之一，又为其他买受人办理所有权转移登记，已受领交付的买受人请求将标的物所有权登记在自己名下的，人民法院应予支持”之规定，如果你不愿意解除合同，可以要求将车辆所有权登记在你的名下。

52. 张三：前段时间有家酒厂找我订了 3 吨高粱，交了 5000 元定金，约定 1 个月后交货，交货后 1 个月内付款。但前两天我听说这个酒厂因为拖欠货款被人起诉了，酒厂也被法院查封了，我估计我把货给他也收不到钱。这种情况下，我可不可以不交货或者要求对方先付钱再交货呢？

答：依照《民法典》第 527 条“应当先履行债务的当事人，有确切证据证明对方有下列情形之一的，可以中止履行：（一）经营状况严重恶化；（二）转移财产、抽逃资金，以逃避债务；（三）丧失商业信誉；（四）有丧失或者可能丧失履行债务能力的其他情形。当事人没有确切证据中止履行的，应当承担违约责任"之规定，酒厂因拖欠货款被起诉并被法院查封属于有丧失或者可能丧失履行债务能力的情形，故你可以中止履行。依照《民法典》第 528 条"当事人依据前条规定中止履行的，应当及时通知对方。对方提供适当担保的，应当恢复履行。中止履行后，对方在合理期限内未恢复履行能力且未提供适当担保的，视为以自己的行为表明不履行主要债务，中止履行的一方可以解除合同并可以请求对方承担违约责任"之规定，中止履行后，你应当及时通知对方，对方提供适当担保的，你应当继续履行合同，否则你将承担违约责任。如果对方未提供适当担保，你可以要求解除合同，并要求对方承担违约责任。

53. 张三：昨天我按照客户要求，将他购买的 10 斤菜油送到他小区门卫室。送到后专门拍照通过微信发给了他。但昨天晚上客户给我打电话说菜油不见了，要我重新送 10 斤，费用由我承担。这个损失该由谁承担呢？

答：依照《民法典》第 603 条第 1 款"出卖人应当按照约定的地点交付标的物"，第 604 条"标的物毁损、灭失的风险，在标的物交付之前由出卖人承担，交付之后由买受人承担，但是法律另有规定或者当事人另有约定的除外"之规定，你按照客户要求将菜油送至客户所住小区门卫室后，已完成标的物交付，此后货物损毁灭失的风险依法应由客户承担。建议你与客户一起查找监控录像，也可以报警处理。

54. 张三：店里有农产品需要冷藏，我在网上买了个冰柜。购买的时候商家承诺3年保修，现在才1年就出现了质量问题，我找商家协商但对方爱搭不理的。这种情况我该怎么办呢?

答：依照《消费者权益保护法》第55条第1款“经营者提供商品或者服务有欺诈行为的，应当按照消费者的要求增加赔偿其受到的损失，增加赔偿的金额为消费者购买商品的价款或者接受服务的费用的三倍；增加赔偿的金额不足五百元的，为五百元。法律另有规定的，依照其规定”，最高人民法院《关于审理买卖合同纠纷案件适用法律问题的解释》第16条“买受人在检验期限、质量保证期、合理期限内提出质量异议，出卖人未按要求予以修理或者因情况紧急，买受人自行或者通过第三人修理标的物后，主张出卖人负担因此发生的合理费用的，人民法院应予支持”之规定，如果你购买的冰柜是合格产品且尚在质保期内，你有权要求商家承担维修义务，如果商家拒绝维修，你可以自行或者通过第三人修理，为此产生的合理费用可以要求商家承担。如果你购买的冰柜是不合格产品，你可以要求退货并向商家主张冰柜价款3倍的赔偿，不足500元的为500元。

55. 张三：前几天我在一个流动摊贩那里买了一个烤火炉，在使用时烤火炉自燃了，还把我腿烧伤了。现在这个摊贩也找不到了，我这个损失该找谁赔呢？

答：依照《消费者权益保护法》第40条"消费者在购买、使用商品时，其合法权益受到损害的，可以向销售者要求赔偿。销售者赔偿后，属于生产者的责任或者属于向销售者提供商品的其他销售者的责任的，销售者有权向生产者或者其他销售者追偿。消费者或者其他受害人因商品缺陷造成人身、财产损害的，可以向销售者要求赔偿，也可以向生产者要求赔偿。属于生产者责任的，销售者赔偿后，有权向生产者追偿。属于销售者责任的，生产者赔偿后，有权向销售者追偿。消费者在接受服务时，其合法权益受到损害的，可以向服务者要求赔偿"之规定，烤火炉自燃导致你身体受到伤害，你有权向烤火炉的销售者或者生产者要求赔偿。在找不到销售者的情况下，你可以直接向生产者要求赔偿。

需要提醒的是，作为消费者，务必通过正规渠道购买正规产品，否则权利可能得不到保障。

56. 张三：前段时间翠花过生日，我花2400元在网上给她买了一个包包。收到后一查询，发现是个假货。我听说可以找商家"假一赔十"，是不是真的？

答：你的说法不准确。"假一赔十"是《食品安全法》第148条第2款"生产不符合食品安全标准的食品或者经营明知是不符合食品安全标准的食品，消费者除要求赔偿损失外，还可以向生产者或者经营者要求支付价款十倍或者损失三倍的赔偿金；增加赔偿的金额不足一千元的，为一千元。但是，食品的标签、说明书存在不影响食品安全且不会对消费者造成误导的瑕疵的除外”，《药品管理法》第 144 条第 3 款“生产假药、劣药或者明知是假药、劣药仍然销售、使用的，受害人或者其近亲属除请求赔偿损失外，还可以请求支付价款十倍或者损失三倍的赔偿金；增加赔偿的金额不足一千元的，为一千元”的通俗说法，其针对的是生产不符合食品安全标准的食品或者经营明知是不符合食品安全标准的食品，生产假药、劣药或者明知是假药、劣药仍然销售、使用的情形。而你购买的是包包不是食品、药品，如果确有证据证明经营者提供商品有欺诈行为，你可以依照《消费者权益保护法》第 55 条的规定，要求经营者退货并要求对方增加 3 倍赔偿。

57. 张三：王老五在我店里花 20 元买了一瓶豆瓣酱，第二天找到我说豆瓣酱过期了，我说给他换一瓶，他不干，非要我赔偿 1000 元，不然就起诉我。他又没受到伤害，我应该赔这么多钱吗？

答：依照《食品安全法》第 148 条第 2 款“生产不符合食品安全标准的食品或者经营明知是不符合食品安全标准的食品，消费者除要求赔偿损失外，还可以向生产者或者经营者要求支付价款十倍或者损失三倍的赔偿金；增加赔偿的金额不足一千元的，为一千元。但是，食品的标签、说明书存在不影响食品安全且不会对消费者造成误导的瑕疵的除外"之规定，你销售的过期豆瓣酱属于不符合食品安全标准的食品，王老五有权要求你退货，并支付商品价款 10 倍或者损失 3 倍的赔偿金，不足 1000 元的为 1000 元。

07

第七章

“买房”的那些法律事儿

58. 张三：王老五年纪大了，他想把农村的房子卖了到县城和儿子一起住。听说农村的房子只能卖给本村的人，法律规定是不是这样的？

答：依照《民法典》第 363 条“宅基地使用权的取得、行使和转让，适用土地管理的法律和国家有关规定”，《土地管理法》第 11 条“农民集体所有的土地依法属于村农民集体所有的，由村集体经济组织或者村民委员会经营、管理；已经分别属于村内两个以上农村集体经济组织的农民集体所有的，由村内各该农村集体经济组织或者村民小组经营、管理；已经属于乡（镇）农民集体所有的，由乡（镇）农村集体经济组织经营、管理”，第 62 条第 1 款“农村村民一户只能拥有一处宅基地，其宅基地的面积不得超过省、自治区、直辖市规定的标准”，第 62 条第 5 款“农村村民出卖、出租、赠与住宅后，再申请宅基地的，不予批准”，第 62 条第 6 款“国家允许进城落户的农村村民依法自愿有偿退出宅基地，鼓励农村集体经济组织及其成员盘活利用闲置宅基地和闲置住宅”和 2007 年 12 月 30 日国务院办公厅下发的《关于严格执行有关农村集体建设用地法律和政策的通知》第 2 条第 3 款“农村住宅用地只能分配给本村村民，城镇居民不得到农村购买宅基地、农民住宅或‘小产权房’……”之规定，宅基地使用权系农村集体经济组织成员享有的权利，与农村集体经济组织成员这一特定身份紧密联系，非本集体经济组织成员无权取得宅基地使用权。

59. 张三：王老五在他儿子居住的小区附近看中了一套二手房，各方面都比较满意，有点恼火的是这个房子办理了抵押登记。已经抵押的房子还能不能买呢？

答：依照《民法典》第406条"抵押期间，抵押人可以转让抵押财产。当事人另有约定的，按照其约定。抵押财产转让的，抵押权不受影响。抵押人转让抵押财产的，应当及时通知抵押权人。抵押权人能够证明抵押财产转让可能损害抵押权的，可以请求抵押人将转让所得的价款向抵押权人提前清偿债务或者提存。转让的价款超过债权数额的部分归抵押人所有，不足部分由债务人清偿"之规定，已经抵押的房屋可以转让，但存在一定风险。建议按照上述法律规定进行交易，避免产生纠纷。

60. 张三：两年前我在县城买了一套预售的商品房，只和开发商签订了一个订购协议，开发商也给我出具了收条，但没有签订商品房买卖合同。我能不能依据订购协议和收条要求开发商交付房屋呢？

答：依照最高人民法院《关于审理商品房买卖合同纠纷案件适用法律若干问题的解释》第5条"商品房的认购、订购、预定等协议具备《商品房销售管理办法》第十六条规定的商品房买卖合同的主要内容，并且出卖人已经按照约定收受购房款的，该协议应当认定为商品房买卖合同"，《商品房销售管理办法》第16

条“商品房销售时，房地产开发企业和买受人应当订立书面商品房买卖合同。商品房买卖合同应当明确以下主要内容：（一）当事人名称或者姓名和住所；（二）商品房基本状况；（三）商品房的销售方式；（四）商品房价款的确定方式及总价款、付款方式、付款时间；（五）交付使用条件及日期；（六）装饰、设备标准承诺；（七）供水、供电、供热、燃气、通讯、道路、绿化等配套基础设施和公共设施的交付承诺和有关权益、责任；（八）公共配套建筑的产权归属；（九）面积差异的处理方式；（十）办理产权登记有关事宜；（十一）解决争议的方法；（十二）违约责任；（十三）双方约定的其他事项”之规定，如果你与开发商签订的订购协议具备上述规定的商品房买卖合同的主要内容，且开发商已经按照约定收受购房款，该协议将被认定为商品房买卖合同，你可以依据订购协议和收条向开发商主张交付房屋。

61. 张三：我买的这套房子是预售商品房，除了开发商制作的宣传资料和图纸外并没有看到实物。如果房屋交付的实际情况与这些宣传资料和图纸不符，我该怎么办呢？

答：依照《民法典》第 472 条“要约是希望与他人订立合同的意思表示，该意思表示应当符合下列条件：（一）内容具体确定；（二）表明经受要约人承诺，要约人即受该意思表示约束”，第 473 条“要约邀请是希望他人向自己发出要约的表示。拍卖公告、招标公告、招股说明书、债券募集办法、基金招募说明书、商业广告和宣传、寄送的价目表等为要约邀请。商业广告和宣传的内容符合要约条件的，构成要约"，最高人民法院《关于审理商品房买卖合同纠纷案件适用法律若干问题的解释》第3条"商品房的销售广告和宣传资料为要约邀请，但是出卖人就商品房开发规划范围内的房屋及相关设施所作的说明和允诺具体确定，并对商品房买卖合同的订立以及房屋价格的确定有重大影响的，构成要约。该说明和允诺即使未载入商品房买卖合同，亦应当为合同内容，当事人违反的，应当承担违约责任"之规定，商品房的销售广告和宣传资料为要约邀请，但如果出卖人在销售广告和宣传资料中就商品房开发规划范围内的房屋及相关设施作的说明和允诺具体确定，并对商品房买卖合同的订立以及房屋价格的确定有重大影响的，构成要约，应当属于商品房买卖合同内容。如果开发商违约，可以要求开发商承担相应的法律责任。

62. 张三：我买这套房子时约定今年1月交房，但从目前情况看估计会延迟。如果开发商延迟交房或者延迟办理产权登记，我该怎么办呢?

答：依照《民法典》第563条"有下列情形之一的，当事人可以解除合同：(一) 因不可抗力致使不能实现合同目的；(二) 在履行期限届满前，当事人一方明确表示或者以自己的行为表明不履行主要债务；(三) 当事人一方迟延履行主要债务，经催告后在合理期限内仍未履行；(四) 当事人一方迟延履行债务或者有其他违约行为致使不能实现合同目的；(五) 法律规定的其他情形。以持续履行的债务为内容的不定期合同，当事人可以随时解除合同，但是应当在合理期限之前通知对方”，最高人民法院《关于审理商品房买卖合同纠纷案件适用法律若干问题的解释》第 11 条“根据民法典第五百六十三条的规定，出卖人迟延交付房屋或者买受人迟延支付购房款，经催告后在三个月的合理期限内仍未履行，解除权人请求解除合同的，应予支持，但当事人另有约定的除外。法律没有规定或者当事人没有约定，经对方当事人催告后，解除权行使的合理期限为三个月。对方当事人没有催告的，解除权人自知道或者应当知道解除事由之日起一年内行使。逾期不行使的，解除权消灭”，第 14 条“由于出卖人的原因，买受人在下列期限届满未能取得不动产权属证书的，除当事人有特殊约定外，出卖人应当承担违约责任：（一）商品房买卖合同约定的办理不动产登记的期限；（二）商品房买卖合同的标的物尚未建成房屋的，自房屋交付使用之日起 90 日；（三）商品房买卖合同的标的物为已竣工房屋的，自合同订立之日起 90 日。合同没有约定违约金或者损失数额难以确定的，可以按照已付购房款总额，参照中国人民银行规定的金融机构计收逾期贷款利息的标准计算”，第 15 条“商品房买卖合同约定或者《城市房地产开发经营管理条例》第三十二条规定的办理不动产登记的期限届满后超过一年，由于出卖人的原因，导致买受人无法办理不动产登记，买受人请求解除合同和赔偿损失的，应予支持”，《城市房地产开发经营管理条例》第 32 条“预售商品房的购买人应当自商品房交付使用之日起 90 日内，办理土地使用权变更和房屋所有权登记手续；现售商品房的购买人应当自销售合同签订之日起90日内，办理土地使用权变更和房屋所有权登记手续。房地产开发企业应当协助商品房购买人办理土地使用权变更和房屋所有权登记手续，并提供必要的证明文件"之规定，你可以依法进行催告、主张解除合同或要求出卖人承担违约责任。

63. 张三：我买的这套商品房终于交付给我了，但我发现这个房子有些质量问题，我该怎么办呢？

答：依照最高人民法院《关于审理商品房买卖合同纠纷案件适用法律若干问题的解释》第9条"因房屋主体结构质量不合格不能交付使用，或者房屋交付使用后，房屋主体结构质量经核验确属不合格，买受人请求解除合同和赔偿损失的，应予支持"、第10条"因房屋质量问题严重影响正常居住使用，买受人请求解除合同和赔偿损失的，应予支持。交付使用的房屋存在质量问题，在保修期内，出卖人应当承担修复责任；出卖人拒绝修复或者在合理期限内拖延修复的，买受人可以自行或者委托他人修复。修复费用及修复期间造成的其他损失由出卖人承担"之规定，如果房屋质量问题系主体结构不合格或者严重影响正常居住使用，你可以要求出卖人解除合同和赔偿损失。如果系其他质量问题且还在保修期内则由出卖人承担修复责任，出卖人拒绝修复或者在合理期限内拖延修复的，你可以自行或者委托他人修复，修复费用及修复期间造成的其他损失由出卖人承担。

需要提醒的是，在你和开发商交接房屋时，应索要住宅质量保证书、住宅使用说明书并注意住宅质量保证书的保修期限。

64. 张三：前段时间我装修时房屋漏水，把楼下住户的墙壁、家具泡烂了，现在楼下住户喊我赔钱。他的损失我该不该赔呢？我赔钱后能不能找开发商或者其他人承担责任呢？

答：依照《民法典》第 1165 条“行为人因过错侵害他人民事权益造成损害的，应当承担侵权责任……”之规定，你在装修房屋时漏水导致楼下住户财产受损，故你依法应该承担相应的赔偿责任。至于你承担赔偿责任后能否要求开发商或者其他人承担责任，要具体问题具体分析。

如果漏水系房屋质量不符合相关要求导致，可以参照上个问题予以处理。

如果漏水系装修时未规范施工导致，根据施工队伍的不同，将最终由不同的主体承担相应的责任。如果是将房屋承包给装修公司装修，则你与装修公司形成承揽合同关系。依照《民法典》第 1193 条“承揽人在完成工作过程中造成第三人损害或者自己损害的，定作人不承担侵权责任。但是，定作人对定作、指示或者选任有过错的，应当承担相应责任”，《住宅室内装饰装修管理办法》第 22 条“承接住宅室内装饰装修工程的装饰装修企业，必须经建设行政主管部门资质审查，取得相应的建筑业企业资质证书，并在其资质等级许可的范围内承揽工程”，第 23 条“装修人委托企业承接其装饰装修工程的，应当选择具有相应资质等级的装饰装修企业”之规定，如果你选任的装修公司具有相应的资质，在你承担赔偿责任后可以向装修公司进行追偿；如果你选任的装修公司不具备相应的资质，你自己也应承担相应的责任。如果是雇佣装修工人装修，则你与装修工人之间形成劳务关系。依照《民法典》第1192条“个人之间形成劳务关系，提供劳务一方因劳务造成他人损害的，由接受劳务一方承担侵权责任。接受劳务一方承担侵权责任后，可以向有故意或者重大过失的提供劳务一方追偿……”之规定，只有在装修工人存在故意或者重大过失的情况下，你才能向其进行追偿。

65. 张三：昨天我收到一份法院传票和起诉书，说我在县城的那套房子与一起高空抛物致人损害案件有牵连。我就不服了，那套房子装修好后我都没有住过，凭什么告我?

答：依照《民法典》第1254条第1款“禁止从建筑物中抛掷物品。从建筑物中抛掷物品或者从建筑物上坠落的物品造成他人损害的，由侵权人依法承担侵权责任；经调查难以确定具体侵权人的，除能够证明自己不是侵权人的外，由可能加害的建筑物使用人给予补偿。可能加害的建筑物使用人补偿后，有权向侵权人追偿”之规定，受害人如果因为高空抛物受到损害，经调查难以确定具体侵权人的，可以起诉可能加害的建筑物使用人，由可能加害的建筑物使用人给予补偿。建议你积极应诉，只要你提供的证据能够证明自己不是侵权人，你依法就不应承担赔偿责任。

66. 张三：县城的商品房我打算过户给大儿子，但我又担心以后闹矛盾他把我赶出去不让我住，有没有什么更好的办法解决这个问题呢？

答：依照《民法典》第 366 条“居住权人有权按照合同约定，对他人的住宅享有占有、使用的用益物权，以满足生活居住的需要”，第 367 条“设立居住权，当事人应当采用书面形式订立居住权合同。居住权合同一般包括下列条款：（一）当事人的姓名或者名称和住所；（二）住宅的位置；（三）居住的条件和要求；（四）居住权期限；（五）解决争议的方法”，第 368 条“居住权无偿设立，但是当事人另有约定的除外。设立居住权的，应当向登记机构申请居住权登记。居住权自登记时设立”之规定，你可以在办理房屋过户手续时要求就该房屋设立居住权，这样你就有权一直在该房屋内居住。

需要特别提醒的是，居住权自登记机关登记时设立。

67. 张三：我买的房屋在三楼，最近一、二楼的营业用房改成了餐馆。这家餐馆的烟囱刚好安装在我家卧室的窗外，严重影响通风和采光。我该如何处理呢？

答：依照《民法典》第 293 条“建造建筑物，不得违反国家有关工程建设标准，不得妨碍相邻建筑物的通风、采光和日照”，

第 296 条“不动产权利人因用水、排水、通行、铺设管线等利用相邻不动产的，应当尽量避免对相邻的不动产权利人造成损害”，第 179 条第 1 款“承担民事责任的方式主要有：（一）停止侵害；（二）排除妨碍；（三）消除危险；（四）返还财产；（五）恢复原状；（六）修理、重作、更换；（七）继续履行；（八）赔偿损失；（九）支付违约金；（十）消除影响、恢复名誉；（十一）赔礼道歉”之规定，如果楼下餐馆建造的烟囱确实影响到你居住房屋的通风、采光，你可以要求其停止侵害、排除妨碍、赔偿损失。

68. 张三：最近小区业主都在讨论加装电梯这个事，但听说很多一、二楼住户不愿意，法律对这个事是如何规定的呢？

答：依照《民法典》第 278 条“下列事项由业主共同决定：（一）制定和修改业主大会议事规则；（二）制定和修改管理规约；（三）选举业主委员会或者更换业主委员会成员；（四）选聘和解聘物业服务企业或者其他管理人；（五）使用建筑物及其附属设施的维修资金；（六）筹集建筑物及其附属设施的维修资金；（七）改建、重建建筑物及其附属设施；（八）改变共有部分的用途或者利用共有部分从事经营活动；（九）有关共有和共同管理权利的其他重大事项。业主共同决定事项，应当由专有部分面积占比三分之二以上的业主且人数占比三分之二以上的业主参与表决。决定前款第六项至第八项规定的事项，应当经参与表决专有部分面积四分之三以上的业主且参与表决人数四分之三以上的业主同意。决定前款其他事项，应当经参与表决专有部分面积过半数的业主且参与表决人数过半数的业主同意”之规定，小区加装电梯属于应由业主共同决定的重大事项，应当由专有部分面积占比三分之二以上的业主且人数占比三分之二以上的业主参与表决，经参与表决专有部分面积四分之三以上的业主且参与表决人数四分之三以上的业主同意。

08

第八章

“物业”的那些法律事儿

69. 张三：前几天，我准备去装修新房子，结果物业公司喊我先交从接房到现在的物业管理费，不然就不准装修。我住都没住进来，根本没享受过物业服务，我凭什么交这个钱？

答：你的说法不正确。依照《民法典》第273条第1款“业主对建筑物专有部分以外的共有部分，享有权利，承担义务；不得以放弃权利为由不履行义务”，第939条“建设单位依法与物业服务人订立的前期物业服务合同，以及业主委员会与业主大会依法选聘的物业服务人订立的物业服务合同，对业主具有法律约束力”，第944条第1款“……物业服务人已经按照约定和有关规定提供服务的，业主不得以未接受或者无需接受相关物业服务为由拒绝支付物业费”之规定，业主不得以没有入住、未享受物业服务为由拒绝支付物业费。

70. 张三：物业费我已经交了，但是物业公司说装修房屋还要登记、交保证金，甚至房子卖了、租了都得去他那儿登记。房子是我的，物业公司凭什么管东管西的！物业公司究竟有没有权管这些？

答：有权管理。依照《民法典》第945条“业主装饰装修房屋的，应当事先告知物业服务人，遵守物业服务人提示的合理注意事项，并配合其进行必要的现场检查。业主转让、出租物业专有部分、设立居住权或者依法改变共有部分用途的，应当及时将相关情况告知物业服务人”，《住宅室内装饰装修管理办法》第13

条第1款"装修人在住宅室内装饰装修工程开工前，应当向物业管理企业或者房屋管理机构（以下简称物业管理单位）申报登记"，第15条第1款"物业管理单位应当将住宅室内装饰装修工程的禁止行为和注意事项告知装修人和装修人委托的装饰装修企业"，《物业管理条例》第45条第1款"对物业管理区域内违反有关治安、环保、物业装饰装修和使用等方面法律、法规规定的行为，物业服务企业应当制止，并及时向有关行政管理部门报告"，第52条"业主需要装饰装修房屋的，应当事先告知物业服务企业。物业服务企业应当将房屋装饰装修中的禁止行为和注意事项告知业主"之规定，业主在装饰装修房屋时应当将相关情况告知物业服务人，按要求登记，并自觉遵守相关规定。物业管理单位应当告知房屋装修中的禁止行为和注意事项，进行必要的现场检查，对违反法律、法规规定的行为进行制止并及时向有关行政管理部门报告。

71. 张三：我一年交2000多元的物业费，就看到几个保安和清洁工。物业公司究竟该给业主提供哪些服务呢？

答：依照《民法典》第937条第1款"物业服务合同是物业服务人在物业服务区域内，为业主提供建筑物及其附属设施的维修养护、环境卫生和相关秩序的管理维护等物业服务，业主支付物业费的合同"，第938条第2款"物业服务人公开作出的有利于业主的服务承诺，为物业服务合同的组成部分"，第942条"物业服务人应当按照约定和物业的使用性质，妥善维修、养护、清洁、绿化和经营管理物业服务区域内的业主共有部分，维护物业服务区域内的基本秩序，采取合理措施保护业主的人身、财产安全。对物业服务区域内违反有关治安、环保、消防等法律法规的行为，物业服务人应当及时采取合理措施制止、向有关行政主管部门报告并协助处理”之规定，物业服务人应当提供以下几个方面的物业服务：（1）对物业服务区域内的业主共有部分维修养护；（2）对物业服务区域内的业主共有部分清洁绿化；（3）对物业服务区域内的业主共有部分经营管理；（4）维护物业服务区域内的基本秩序；（5）采取合理措施保护业主的人身、财产安全；（6）对物业服务区域内违反有关治安、环保、消防等法律法规的行为，及时采取合理措施制止，向有关行政主管部门报告并协助处理。上述义务是最基础的物业服务、强制义务，不得约定排除，否则约定无效。

此外，物业服务人公开作出的有利于业主的服务承诺，为物业服务合同的组成部分。

72. 张三：我们小区物业服务不到位，垃圾清理不干净，随意摆摊设点，车辆乱停乱放，人员随意出入。这种情况下我能不能不交或者少交物业费？

答：依照《物业管理条例》第 40 条“物业服务收费应当遵循合理、公开以及费用与服务水平相适应的原则，区别不同物业的性质和特点，由业主和物业服务企业按照国务院价格主管部门会同国务院建设行政主管部门制定的物业服务收费办法，在物业服务合同中约定”，《四川省物业管理条例》第 63 条“物业服务收费标准应当遵循合理、公平、公开、质价相符的原则，由合同双方当事人予以约定……”之规定，对于业主要求减免物业费用的抗辩，人民法院会遵循合理、公平、质价相符的原则，根据实际情况依法判决。

73. 张三：因小区物业服务不到位，部分业主拒绝交纳物业费，物业公司现在把这些人的水、电、气都停了。物业公司这样做合法吗？

答：不合法。依照《民法典》第 944 条第 2 款“业主违反约定逾期不支付物业费的，物业服务人可以催告其在合理期限内支付；合理期限届满仍不支付的，物业服务人可以提起诉讼或者申请仲裁”，第 3 款“物业服务人不得采取停止供电、供水、供热、供燃气等方式催交物业费”之规定，业主欠交物业费，物业服务人经催告后业主在合理期限内仍不交纳的，物业服务人可以提起诉讼或申请仲裁，但不得采取停止供电、供水、供热、供燃气等方式催交物业费。

74. 张三：我们小区外墙多处出现损坏、脱落，前几天还差点砸到人。物业公司说应该由开发商处理，但到现在都没有人来处理。这个外墙究竟应该由谁来维护呢？

答：依照《民法典》第 281 条“建筑物及其附属设施的维修

资金，属于业主共有。经业主共同决定，可以用于电梯、屋顶、外墙、无障碍设施等共有部分的维修、更新和改造……”，《物业管理条例》第53条第2款“专项维修资金属于业主所有，专项用于物业保修期满后物业共用部位、共用设施设备的维修和更新、改造，不得挪作他用”，第55条“物业存在安全隐患，危及公共利益及他人合法权益时，责任人应当及时维修养护，有关业主应当给予配合。责任人不履行维修养护义务的，经业主大会同意，可以由物业服务企业维修养护，费用由责任人承担”，《建设工程质量管理条例》第41条“建设工程在保修范围和保修期限内发生质量问题的，施工单位应当履行保修义务，并对造成的损失承担赔偿责任”，第40条“在正常使用条件下，建设工程的最低保修期限为：（一）基础设施工程、房屋建筑的地基基础工程和主体结构工程，为设计文件规定的该工程的合理使用年限；（二）屋面防水工程、有防水要求的卫生间、房间和外墙面的防渗漏，为5年；（三）供热与供冷系统，为2个采暖期、供冷期；（四）电气管线、给排水管道、设备安装和装修工程，为2年。其他项目的保修期限由发包方与承包方约定。建设工程的保修期，自竣工验收合格之日起计算”，《四川省物业管理条例》第85条“建设单位应当按照国家规定及合同约定的保修期限和保修范围承担物业的保修责任。物业保修期限和保修范围内发生质量问题的，物业服务人应当向建设单位发出保修通知，建设单位应当履行保修责任。建设单位拖延履行的，不得以保修期届满为由拒绝履行保修责任。建设单位委托物业服务人保修的，应当与物业服务人签订委托协议并在物业服务区域显著位置公示"之规定，住宅共有部位的维修维护分两个阶段由不同的主体承担责任。在保修期届满前，由房地产开发企业承担保修责任，并对造成的损失承担赔偿责任；在保修期届满后，由物业服务人依法使用专项维修资金维修养护。

75. 张三：经了解，我们小区已经过了保修期，需要动用维修基金。哪些情况可以使用维修基金？使用时需要通过哪些程序呢？

答：依照《民法典》第 278 条"下列事项由业主共同决定……（五）使用建筑物及其附属设施的维修资金；（六）筹集建筑物及其附属设施的维修资金……业主共同决定事项，应当由专有部分面积占比三分之二以上的业主且人数占比三分之二以上的业主参与表决。决定前款第六项至第八项规定的事项，应当经参与表决专有部分面积四分之三以上的业主且参与表决人数四分之三以上的业主同意……"，第 281 条"建筑物及其附属设施的维修资金，属于业主共有。经业主共同决定，可以用于电梯、屋顶、外墙、无障碍设施等共有部分的维修、更新和改造。建筑物及其附属设施的维修资金的筹集、使用情况应当定期公布。紧急情况下需要维修建筑物及其附属设施的，业主大会或者业主委员会可以依法申请使用建筑物及其附属设施的维修资金"，《物业管理条例》第 53 条第 2 款"专项维修资金属于业主所有，专项用于物业保修期满后物业共用部位、共用设施设备的维修和更新、改造，不得挪作他用”，《四川省物业管理条例》第90条第2款“发生下列严重影响物业使用的紧急情况，需要立即对物业共有部分进行紧急维修、更新、改造的，业主大会或者业主委员会可以按照紧急程序申请使用建筑物及其附属设施的维修资金：（一）屋面、墙体防水损坏造成严重渗漏的；（二）电梯故障危及人身安全、严重影响业主生活的；（三）楼体外墙墙面有脱落危险，危及人身财产安全的；（四）消防设施设备严重损坏构成重大火灾隐患或者消火栓系统、自动灭火系统严重损坏不具备灭火功能的；（五）共用排水设施塌陷、堵塞、破裂等严重影响业主生活或者危及财产安全的；（六）尚未移交给专业经营单位运营管理和维护的供水水泵（水箱）损坏或者水管爆裂导致供水中断的；（七）尚未移交给专业经营单位运营管理和维护的供配电系统设施设备发生故障，造成停电或者漏电，严重影响业主生活或者危及人身财产安全的；（八）业主委员会核实有其他严重影响业主生活或者危及人身财产安全的”，第91条“申请使用建筑物及其附属设施的维修资金的紧急程序，按照下列规定进行：（一）由业主委员会提出申请。未产生业主委员会或者业主委员会不履行职责的，居（村）民委员会应当根据业主的要求代为提出申请；（二）县（市、区）人民政府住房城乡建设主管部门收到申请后，应当在三个工作日内作出审核决定并办理相关手续；（三）建筑物及其附属设施的维修资金管理机构按照相关规定审核同意后，在建筑物及其附属设施的维修资金中直接列支；（四）应急维修工程竣工验收后，组织维修的单位应当将使用维修资金总额及业主分摊情况在物业服务区域显著位置公示。相关主体未及时提出申请，且已出现严重影响业主生活或者危及人身财产安全情形的，县（市、区）人民政府住房城乡建设主管部门、街道办事处（乡镇人民政府）应当组织代为维修，代为维修费用按照前款第三项、第四项规定在建筑物及其附属设施的维修资金中列支并公示”之规定，一般情况下，申请使用建筑物及其附属设施的维修基金应当由专有部分面积占比三分之二以上的业主且人数占比三分之二以上的业主参与表决，经参与表决专有部分面积四分之三以上的业主且参与表决人数四分之三以上的业主同意后，向政府监督部门（物业所在地县级人民政府住房城乡建设主管部门）申请。

根据你的描述，你们小区外墙墙面有脱落，危及人身财产安全，属于“可以按照紧急程序申请使用建筑物及其附属设施的维修资金”的情形，业主委员会可以按照上述紧急程序申请使用建筑物及其附属设施的维修资金。若未产生业主委员会或者业主委员会不履行职责，居（村）民委员会应当根据业主的要求代为提出申请。若相关主体未及时提出申请，且已出现严重影响业主生活或者危及人身财产安全的情形，县（市、区）人民政府住房城乡建设主管部门、街道办事处（乡镇人民政府）应当组织代为维修，代为维修费用在建筑物及其附属设施的维修资金中列支并公示。

76. 张三：我把房子租给了李四，约定由他交物业费。但物业公司一直喊我交物业费。我该怎么办呢？

答：依照《民法典》第945条第2款“业主转让、出租物业专有部分、设立居住权或者依法改变共有部分用途的，应当及时将相关情况告知物业服务人”，《物业管理条例》第 41 条第 1 款“业主应当根据物业服务合同的约定交纳物业服务费用。业主与物业使用人约定由物业使用人交纳物业服务费用的，从其约定，业主负连带交纳责任”，《四川省物业管理条例》第 77 条“业主转让、出租物业或者设立居住权的，应当将管理规约、物业服务收费标准等事项告知买受人、承租人或者居住权人，并自合同签订之日起十五日内，将物业转让、出租或者设立居住权的相关情况告知业主委员会和物业服务人”之规定，你应当自房屋租赁合同签订之日起 15 日内，将房屋出租情况告知业主委员会和物业服务人，由李四交纳物业费，你负连带交纳责任。如果李四未交纳物业费，你给付后可以向李四追偿。

77. 张三：我们小区绿化本来就不多，现在有的绿化区域被物业公司改成车位收费，有的被一楼业主圈起来种菜、养鸡……整个小区乱糟糟的。我们应该找谁来解决问题呢？

答：物业服务人将绿化区域改为车位收费和业主圈占绿地种菜、养鸡，其实质是改变共有部分的用途。改变共有部分的用途，应当由专有部分面积占比三分之二以上的业主且人数占比三分之二以上的业主参与表决，经参与表决专有部分面积四分之三以上的业主且参与表决人数四分之三以上的业主同意。

如果未经表决程序同意，业主大会或业主委员会有权依照

《民法典》第286条第2款"业主大会或者业主委员会，对任意弃置垃圾、排放污染物或者噪声、违反规定饲养动物、违章搭建、侵占通道、拒付物业费等损害他人合法权益的行为，有权依照法律、法规以及管理规约，请求行为人停止侵害、排除妨碍、消除危险、恢复原状、赔偿损失"之规定进行相应处理。业主或者其他行为人拒不履行相关义务的，有关当事人可以向有关行政主管部门报告或者投诉。对擅自改变物业管理区域内按照规划建设的公共建筑和共用设施用途的，擅自占用、挖掘物业管理区域内道路、场地，损害业主共同利益的，擅自利用物业共用部位、共用设施设备进行经营的，县级以上地方人民政府房地产行政主管部门可以依照《物业管理条例》第63条之规定，责令限期改正，给予警告并罚款；所得收益，用于物业管理区域内物业共用部位、共用设施设备的维修、养护，剩余部分按照业主大会的决定使用。个人有上述行为之一的，处1000元以上1万元以下的罚款；单位有上述行为之一的，处5万元以上20万元以下的罚款。对物业管理区域内违反有关治安、环保、物业装饰装修和使用等方面法律、法规规定的行为，物业服务企业应当依照《物业管理条例》第45条之规定制止并及时向有关行政管理部门报告。有关行政管理部门在接到物业服务企业的报告后，应当依法对违法行为予以制止或者依法处理。对业主、业主委员会、物业使用人和物业服务企业在物业管理活动中的投诉，县级以上地方人民政府房地产行政主管部门应当依照《物业管理条例》第48条之规定及时处理。对于物业管理争议，依照《四川省物业管理条例》第7条、第96

条、第97条之规定，当事人双方可以自行协商解决；协商不成的，向基层人民调解委员会或者街道办事处（乡、镇人民政府）申请调解，也可以直接提起诉讼或者依法申请仲裁。

如果是业主大会或业主委员会参与其中并作出决定，依照《民法典》第287条“业主对建设单位、物业服务企业或者其他管理人以及其他业主侵害自己合法权益的行为，有权请求其承担民事责任”，《物业管理条例》第19条“业主大会、业主委员会应当依法履行职责，不得作出与物业管理无关的决定，不得从事与物业管理无关的活动。业主大会、业主委员会作出的决定违反法律、法规的，物业所在地的区、县人民政府房地产行政主管部门或者街道办事处、乡镇人民政府，应当责令限期改正或者撤销其决定，并通告全体业主”之规定，业主大会或业主委员会作出的决定违反法律、法规的，物业所在地的区、县人民政府房地产行政主管部门或者街道办事处、乡镇人民政府应当责令其限期改正或者撤销其决定；侵害业主合法权益的，业主可以提起诉讼。

78. 张三：我家电动车在小区里被偷了，报警后案件一直没有侦破。我是不是可以找物业公司赔钱？

答：物业服务合同与有偿委托合同在性质上较为接近，但并非保管合同，物业服务人是否对被盗电动车业主承担赔偿责任要根据物业服务合同的约定确定：（1）如双方在物业服务合同中约定了物业服务人保管义务，车辆在物业管理指定区域内丢失，根据《民法典》合同编第二十一章保管合同的相应规定，物业服务人应承担赔偿责任；（2）如双方在物业服务合同中未约定物业服务人保管义务，车辆在物业管理区域内丢失，受到侵害的是财产权，其损失赔偿责任应由侵权人即盗窃者承担。

如果物业服务人未尽到安保义务，物业服务人根据其行为与损害后果的因果关系承担相应责任。

79. 张三：现在停车位特别紧张，下班回来经常到处找地方停车，但开发商却将小区地下停车位空置，只卖不租，而我们隔壁小区停车位只租不卖。法律对停车位究竟是如何规定的？

答：依照《民法典》第275条“建筑区划内，规划用于停放汽车的车位、车库的归属，由当事人通过出售、附赠或者出租等方式约定。占用业主共有的道路或者其他场地用于停放汽车的车位，属于业主共有”，第276条“建筑区划内，规划用于停放汽车的车位、车库应当首先满足业主的需要”，最高人民法院《关于审理建筑物区分所有权纠纷案件适用法律若干问题的解释》第5条第1款“建设单位按照配置比例将车位、车库，以出售、附赠或者出租等方式处分给业主的，应当认定其行为符合民法典第二百七十六条有关‘应当首先满足业主的需要’的规定”之规定，建筑区划内的车位、车库由当事人通过出售、附赠或者出租等方式约定。如果开发商按照配置比例通过出售、附赠或者出租等方式处分给业主后，车位、车库仍有空余，开发商可以将车位、车库出租给业主之外的第三人。

80. 张三：我大娃子在工业园区里面开了个厂，厂里面的物业管理是他自己在负责。昨天园区的物业公司上门找他收物业费。这个该不该交呢？

答：依照《物业管理条例》第 40 条“物业服务收费应当遵循合理、公开以及费用与服务水平相适应的原则，区别不同物业的性质和特点，由业主和物业服务企业按照国务院价格主管部门会同国务院建设行政主管部门制定的物业服务收费办法，在物业服务合同中约定”，《四川省物业管理条例》第 49 条“一个物业服务区域由一个物业服务人提供物业服务”，第 63 条“物业服务收费标准应当遵循合理、公平、公开、质价相符的原则，由合同双方当事人予以约定……”之规定，享有建筑物独立产权的企业仍然要受到《物业管理条例》《四川省物业管理条例》的约束，但对专有部分或共有部分自己提供物业服务、独立维修、养护、管理配套的设施设备并自行承担费用的，可认定为物管相对独立的区域，参考物业的性质、相对独立区域形成的原因、物业公司提供服务的水平等因素，遵循费用与服务水平相适应的原则，可以申请适当调整物业费标准。

09

第九章

"结婚"的那些法律事儿

81. 张三：我和翠花在一起生活了40年但没有“扯证”，我们的婚姻受法律保护吗？

答：依照最高人民法院《关于适用〈中华人民共和国民法典〉婚姻家庭编的解释（一）》第7条“未依据民法典第一千零四十九条规定办理结婚登记而以夫妻名义共同生活的男女，提起诉讼要求离婚的，应当区别对待：（一）1994年2月1日民政部《婚姻登记管理条例》公布实施以前，男女双方已经符合结婚实质要件的，按事实婚姻处理。（二）1994年2月1日民政部《婚姻登记管理条例》公布实施以后，男女双方符合结婚实质要件的，人民法院应当告知其补办结婚登记。未补办结婚登记的，依据本解释第三条规定处理”以及第3条“当事人提起诉讼仅请求解除同居关系的，人民法院不予受理；已经受理的，裁定驳回起诉。当事人因同居期间财产分割或者子女抚养纠纷提起诉讼的，人民法院应当受理”之规定，如果你的陈述属实，那你和翠花的婚姻属于事实婚姻。

事实婚姻受法律保护，但与登记婚姻有一定区别，主要体现在离婚时的处理结果不一样。登记婚姻，经调解不能和好的，可以判决不准离婚；事实婚姻，经调解不能和好的，只能调解或判决双方离婚。

82. 张三：我家大娃子在国外打工时和一个外国女娃儿交朋友，现在准备结婚，怎么办结婚证呢？

答：依照《民法典》第1049条“要求结婚的男女双方应当

亲自到婚姻登记机关申请结婚登记……”以及《婚姻登记条例》第2条第2款“中国公民同外国人，内地居民同香港特别行政区居民（以下简称香港居民）、澳门特别行政区居民（以下简称澳门居民）、台湾地区居民（以下简称台湾居民）、华侨办理婚姻登记的机关是省、自治区、直辖市人民政府民政部门或者省、自治区、直辖市人民政府民政部门确定的机关”之规定，如果你家大娃子和他未婚妻在中国境内申请结婚，他们应当一起到所属省、自治区、直辖市的民政部门或者省、自治区、直辖市的民政部门确定的机关申请办理结婚登记。

申请办理结婚登记时，应出具下列证件和证明材料：（1）内地居民应出具本人户口簿、身份证、本人无配偶以及与对方当事人没有直系血亲和三代以内旁系血亲关系的签字声明；（2）外国人应出具本人的有效护照或者其他有效的国际旅行证件、所在国公证机构或者有权机关出具的并经中华人民共和国驻该国使（领）馆认证或者该国驻华使（领）馆认证的本人无配偶的证明，或者所在国驻华使（领）馆出具的本人无配偶的证明。

83. 张三：我二娃子智力有点问题，经鉴定为二级智力障碍，他能结婚吗?

答：依照《民法典》第1053条“一方患有重大疾病的，应当在结婚登记前如实告知另一方；不如实告知的，另一方可以向人民法院请求撤销婚姻。请求撤销婚姻的，应当自知道或者应当知道撤销事由之日起一年内提出”之规定，国家法律不禁止重大疾病患者结婚，但患有重大疾病的一方应当在结婚登记前如实告知另一方。如果不如实告知，另一方可以在知道或者应当知道该事实1年内向人民法院起诉请求撤销婚姻。被撤销的婚姻自始没有法律约束力。

84. 张三：我家幺儿刚满20周岁，正在读大学，今年准备和女朋友结婚，可以吗？

答：依照《民法典》第1047条“结婚年龄，男不得早于二十二周岁，女不得早于二十周岁”以及第1051条“有下列情形之一的，婚姻无效：（一）重婚；（二）有禁止结婚的亲属关系；（三）未到法定婚龄”之规定，因你家幺儿未达到法律规定的结婚年龄，故不能办理结婚登记。

需要说明的是，在校大学生如果符合法律规定的结婚实质要件，可以办理结婚登记。

85. 张三：王老五欠我20万元，我想喊王老五家的三妹给我家二娃子当媳妇，然后我就不要那20万元了，王老五和他老婆都同意，但三妹嫌我家二娃子傻，死活不同意，他们能不能结婚？

答：依照《民法典》第1042条“禁止包办、买卖婚姻和其他干涉婚姻自由的行为……”以及第1052条“因胁迫结婚的，受胁迫的一方可以向人民法院请求撤销婚姻。请求撤销婚姻的，应当自胁迫行为终止之日起一年内提出。被非法限制人身自由的当事人请求撤销婚姻的，应当自恢复人身自由之日起一年内提出”之规定，虽然王老五夫妻和你全家都同意，但如果三妹本人不同意，那就不能强迫三妹登记结婚，否则三妹可以向人民法院请求撤销婚姻。另外，如果采取限制人身自由或殴打等方式强迫三妹结婚，情节严重的可能被追究刑事责任。

86. 张三：王老五家的大娃子结婚登记时不在家，王老五通过熟人帮助给大娃子办理了结婚证，双方举行了婚礼且生了一个娃儿，现在他的大娃子意外死亡，因为赔偿金问题，王老五和他儿媳有矛盾，王老五准备到法院申请宣告他家大娃子的婚姻无效，可以吗？

答：依照《民法典》第 1051 条“有下列情形之一的，婚姻无效：（一）重婚；（二）有禁止结婚的亲属关系；（三）未到法定婚龄”之规定，婚姻无效仅限于上述 3 种情形。依照《民法典》第 1049 条“要求结婚的男女双方应当亲自到婚姻登记机关申请结婚登记……”之规定，要求结婚的男女双方应当亲自到婚姻登记机关申请结婚登记是婚姻登记的程序条件之一，但如果男女双方完全符合结婚的实质要件，且已经实际在一起共同生活，不能以违反结婚登记的程序为由否定婚姻的效力。

87. 张三：王老五家二娃子从小就喜欢他表妹，他们能不能结婚？

答：依照《民法典》第1048条“直系血亲或者三代以内的旁系血亲禁止结婚”之规定，男女双方的亲属关系如属于上述情形，则禁止结婚。否则，即便办理了结婚登记，也属于无效的婚姻。无效的婚姻自始没有法律约束力，当事人不具有夫妻的权利和义务。

88. 张三：有人给我家二娃子介绍了一个对象，但对方想要20万元彩礼，我给还是不给？

答：依照《民法典》第1042条“……禁止借婚姻索取财物……”之规定，国家禁止借婚姻索取财物。但给付彩礼是部分地区的传统习俗，建议你结合当地习俗和自身经济承受能力决定是否给付彩礼。

依照最高人民法院《关于适用〈中华人民共和国民法典〉婚姻家庭编的解释（一）》第5条“当事人请求返还按照习俗给付的彩礼的，如果查明属于以下情形，人民法院应当予以支持：（一）双方未办理结婚登记手续；（二）双方办理结婚登记手续但确未共同生活；（三）婚前给付并导致给付人生活困难。适用前款第二项、第三项的规定，应当以双方离婚为条件”之规定，给付的彩礼如果符合上述情形，可以要求返还。除上述情形之外，人民法院也会在个案的审理中结合当地的经济社会发展情况、共同生活时间长短、是否孕育子女等多重因素，酌情裁判返还一定额度的彩礼。

10

第十章

“婚姻生活”的那些法律事儿

89. 张三：前两天我和翠花闹矛盾，一气之下两个人就去民政局提交了离婚申请。但经过这几天的冷静思考，我现在想反悔，怎么办？

答：依照《民法典》第1077条“自婚姻登记机关收到离婚登记申请之日起三十日内，任何一方不愿意离婚的，可以向婚姻登记机关撤回离婚登记申请。前款规定期限届满后三十日内，双方应当亲自到婚姻登记机关申请发给离婚证；未申请的，视为撤回离婚登记申请”之规定，你可以向婚姻登记机关撤回离婚登记申请，也可以在上述期限内不再向婚姻登记机关申请发放离婚证。

90. 张三：我们家里都是我打工挣钱，翠花又不上班，但她上个星期没经我同意就买了价值15 000元的金银首饰。这是我一个人挣的血汗钱，她没经我同意就乱买东西，我现在可不可以要求翠花返还这15 000元呢？

答：不可以。依照《民法典》第1062条“夫妻在婚姻关系存续期间所得的下列财产，为夫妻的共同财产，归夫妻共同所有：（一）工资、奖金、劳务报酬；（二）生产、经营、投资的收益；（三）知识产权的收益；（四）继承或者受赠的财产，但是本法第一千零六十三条第三项规定的除外；（五）其他应当归共同所有的财产。夫妻对共同财产，有平等的处理权”之规定，结婚后一方的工资收入依法属于夫妻共同财产。虽然你和翠花结婚后翠花未上班，但夫妻对共同财产有平等的处理权，同时购买首饰也属于日常生活消费，因此翠花不用向你返还这笔钱。

当然，如果你确实不放心，可以和翠花就婚内所得的财产进行约定。夫妻对婚姻关系存续期间所得的财产以及婚前财产的约定，对双方具有法律约束力。

91. 张三：翠花成天不上班还爱打麻将。昨天王老五拿一张有翠花个人签名的5000元借条喊我还钱，说是翠花打麻将在他那里借的。我该不该还这个钱呢？

答：依照《民法典》第1064条“夫妻双方共同签名或者夫妻一方事后追认等共同意思表示所负的债务，以及夫妻一方在婚姻关系存续期间以个人名义为家庭日常生活需要所负的债务，属于夫妻共同债务。夫妻一方在婚姻关系存续期间以个人名义超出家庭日常生活需要所负的债务，不属于夫妻共同债务；但是，债权人能够证明该债务用于夫妻共同生活、共同生产经营或者基于夫妻双方共同意思表示的除外”之规定，因你没有在借条上签名，事后也没有追认，而且翠花借钱也不是为了家庭日常生活所需，这笔债务依法不应认定为夫妻共同债务，因此你没有还钱的义务。

此外，如果该借款系翠花打麻将所欠款项，则该欠款可能涉嫌非法债务而不受法律保护。

92. 张三：我妈得了癌症，治疗需要十几万元，我打工的钱全部交给翠花保管，但翠花死活不愿意把钱拿出来，我想要钱给我妈治病，但又不想和翠花离婚，现在该怎么办呢?

答：依照《民法典》第1066条“婚姻关系存续期间，有下列情形之一的，夫妻一方可以向人民法院请求分割共同财产：（一）一方有隐藏、转移、变卖、毁损、挥霍夫妻共同财产或者伪造夫妻共同债务等严重损害夫妻共同财产利益的行为；（二）一方负有法定扶养义务的人患重大疾病需要医治，另一方不同意支付相关医疗费用”之规定，你可以不起诉离婚而直接向人民法院请求分割夫妻共同财产。

93. 张三：我家幺儿今年已经大学毕业，和女朋友也都到了结婚年龄，准备10月结婚。女方要求买个婚房，这个钱肯定是我出，但又怕他们结婚以后闹矛盾争房子，这个事怎么办呢?

答：依照最高人民法院《关于适用〈中华人民共和国民法典〉婚姻家庭编的解释（一）》第29条“当事人结婚前，父母为双方购置房屋出资的，该出资应当认定为对自己子女个人的赠与，但父母明确表示赠与双方的除外。当事人结婚后，父母为双方购置房屋出资的，依照约定处理；没有约定或者约定不明确的，按照民法典第一千零六十二条第一款第四项规定的原则处理”和

《民法典》第1062条第1款第4项“夫妻在婚姻关系存续期间所得的下列财产，为夫妻的共同财产，归夫妻共同所有：（四）继承或者受赠的财产，但是本法第一千零六十三条第三项规定的除外”，第1063条第3项“下列财产为夫妻一方的个人财产：（三）遗嘱或者赠与合同中确定只归一方的财产”之规定，如果你在你家幺儿结婚前出资为他购买房屋，但又没有明确表示赠与你家幺儿和幺儿媳妇，你的出资应认定为对你家幺儿个人的赠与。如果你在你家幺儿结婚后出资为他购买房屋，但又没有明确表示赠与你家幺儿个人，应视为对他们夫妻双方的赠与，该房屋将会被认定为你家幺儿、幺儿媳妇的夫妻共同财产。

司法实务中类似问题争议很大，建议你出资购房时形成书面意见。

94. 张三：前段时间我大儿媳怀孕了，但是她没经过我大娃子同意就去做了人工流产手术，理由是目前没有经济能力。我大娃子气不过，想到法院起诉，要求大儿媳赔偿。这个能不能得到法院支持呢？

答：依照最高人民法院《关于适用〈中华人民共和国民法典〉婚姻家庭编的解释（一）》第23条“夫以妻擅自中止妊娠侵犯其生育权为由请求损害赔偿的，人民法院不予支持……”之规定，如果你家大娃子以此为由请求损害赔偿，人民法院将不予支持。

95. 张三：我女婿只要一喝醉就会打我女儿，这个事经常发生，我女儿该怎么办？

答： 依照《反家庭暴力法》第 13 条“家庭暴力受害人及其法定代理人、近亲属可以向加害人或者受害人所在单位、居民委员会、村民委员会、妇女联合会等单位投诉、反映或者求助。有关单位接到家庭暴力投诉、反映或者求助后，应当给予帮助、处理。家庭暴力受害人及其法定代理人、近亲属也可以向公安机关报案或者依法向人民法院起诉。单位、个人发现正在发生的家庭暴力行为，有权及时劝阻”，第 23 条“当事人因遭受家庭暴力或者面临家庭暴力的现实危险，向人民法院申请人身安全保护令的，人民法院应当受理。当事人是无民事行为能力人、限制民事行为能力人，或者因受到强制、威吓等原因无法申请人身安全保护令的，其近亲属、公安机关、妇女联合会、居民委员会、村民委员会、救助管理机构可以代为申请”之规定，如果你女儿确实遭受家庭暴力，她有权依照上述法律规定维护自身权益。

需要注意的是，遭受家庭暴力，应注重证据的收集。比如，公安机关出警记录、告诫书、伤情鉴定意见；居委会、妇联、反家暴社会组织、单位等机构的求助接访记录、调解记录；病历资料、诊疗花费票据；实施家暴的录音、录像；身体伤痕和打砸现场照片、录像；加害人事后出具的保证书、承诺书、悔过书；证人证言等。

另外，依照《民法典》第 1091 条“有下列情形之一，导致离婚的，无过错方有权请求损害赔偿：（一）重婚；（二）与他人同居；（三）实施家庭暴力；（四）虐待、遗弃家庭成员；（五）有其他重大过错”之规定，如果“实施家庭暴力”导致离婚，在离婚时无过错方还有权请求对方赔偿损害。

96. 张三：我女儿已经向法院起诉离婚，但我女婿说只要他不出庭、不签字，这个婚就离不了，是真的吗?

答：依照《民法典》第 1079 条“夫妻一方要求离婚的，可以由有关组织进行调解或者直接向人民法院提起离婚诉讼。人民法院审理离婚案件，应当进行调解；如果感情确已破裂，调解无效的，应当准予离婚。有下列情形之一，调解无效的，应当准予离婚：（一）重婚或者与他人同居；（二）实施家庭暴力或者虐待、遗弃家庭成员；（三）有赌博、吸毒等恶习屡教不改；（四）因感情不和分居满二年；（五）其他导致夫妻感情破裂的情形。一方被宣告失踪，另一方提起离婚诉讼的，应当准予离婚。经人民法院判决不准离婚后，双方又分居满一年，一方再次提起离婚诉讼的，应当准予离婚”之规定，人民法院是否准予夫妻离婚，关键看夫妻感情是否确已破裂。无论你女婿是否到庭、是否签字，人民法院都会在查明事实的基础上依法作出裁判。

11

第十一章

“离婚”的那些法律事儿

97. 张三：我在外地打工有3年没回家了，翠花一直在老家照管老人小孩，最近我们俩闹矛盾，翠花想离婚。我听别人说夫妻分居2年以上就自动离婚了，是不是真的？

答：依照《民法典》第1080条“完成离婚登记，或者离婚判决书、调解书生效，即解除婚姻关系”之规定，只有符合“完成离婚登记”或“离婚判决书、调解书生效”这两种情形之一才算解除婚姻关系。“夫妻因感情不和分居满两年”确实是人民法院判决离婚的法定条件之一，但前提是“因感情不和”而分居。现实生活中，有很多家庭是夫妻一方在外务工，另一方在家照料老人和小孩，此种情形在司法实务中不会被认定为“夫妻因感情不和分居”。

98. 张三：我大儿媳没有经过大娃子同意做人流手术已经4个多月了，但大娃子还是想不通，昨天去法院起诉离婚，法院却告知不予立案。这是因为什么呢？

答：依照《民法典》第1082条“女方在怀孕期间、分娩后一年内或者终止妊娠后六个月内，男方不得提出离婚；但是，女方提出离婚或者人民法院认为确有必要受理男方离婚请求的除外”之规定，你大儿媳终止妊娠不满6个月，除非人民法院认为确有必要，否则你家大娃子的离婚诉讼法院将不予受理。

依照《民事诉讼法》第127条第7项“判决不准离婚和调解和好的离婚案件，判决、调解维持收养关系的案件，没有新情况、新理由，原告在六个月内又起诉的，不予受理”，最高人民法院

《关于适用〈中华人民共和国民事诉讼法〉的解释》第214条第2款“原告撤诉或者按撤诉处理的离婚案件，没有新情况、新理由，六个月内又起诉的，比照民事诉讼法第一百二十七条第七项的规定不予受理”之规定，判决不准离婚和调解和好的离婚案件、原告撤诉或者按撤诉处理的离婚案件，没有新情况、新理由，原告在6个月内又起诉的，不予受理。

99. 张三：大娃子结婚后一直在外务工，大儿媳没上班，在家里照顾娃儿。现在大娃子要离婚，大儿媳要求大娃子对其进行补偿。法院会不会支持呢？

答：依照《民法典》第1088条“夫妻一方因抚育子女、照料老年人、协助另一方工作等负担较多义务的，离婚时有权向另一方请求补偿，另一方应当给予补偿。具体办法由双方协议；协议不成的，由人民法院判决”之规定，如果你大儿媳确有证据证明在婚姻家庭生活中因抚育子女、照料老年人等负担了较多义务，离婚时她有权向大娃子请求补偿。

100. 张三：大娃子结婚后在外打工省吃俭用攒了10万元，存在他自己的名下。现在两口子闹离婚，大儿媳说起码要分5万元。这个钱全部是大娃子打工挣的血汗钱，大儿媳结婚后又没往家里拿过钱，为什么要分给她？

答：依照《民法典》第1062条第1款“夫妻在婚姻关系存续

期间所得的下列财产，为夫妻的共同财产，归夫妻共同所有：（一）工资、奖金、劳务报酬；（二）生产、经营、投资的收益；（三）知识产权的收益；（四）继承或者受赠的财产，但是本法第一千零六十三条第三项规定的除外；（五）其他应当归共同所有的财产”之规定，在婚姻关系存续期间，除非有书面的财产约定，否则一方获得的工资、劳务报酬为夫妻共同财产。因大娃子的10万元积蓄是他的工资收入，在排除有书面的财产约定情形下，该10万元依法应当属于夫妻共同财产，离婚时你大儿媳当然有权请求分割。

另外，依照最高人民法院《关于适用〈中华人民共和国民法典〉婚姻家庭编的解释（一）》第25条“婚姻关系存续期间，下列财产属于民法典第一千零六十二条规定的‘其他应当归共同所有的财产’：（一）一方以个人财产投资取得的收益；（二）男女双方实际取得或者应当取得的住房补贴、住房公积金；（三）男女双方实际取得或者应当取得的基本养老金、破产安置补偿费”，第26条“夫妻一方个人财产在婚后产生的收益，除孳息和自然增值外，应认定为夫妻共同财产”，第27条“由一方婚前承租、婚后用共同财产购买的房屋，登记在一方名下的，应当认定为夫妻共同财产”之规定，上述财产也应认定为夫妻共同财产。

101. 张三：大娃子在结婚前以自己个人名义按揭购买了一套住房，结婚后也一直是大娃子在还房贷，现在还有5年的房贷没有还清。这次他两口子闹离婚，大儿媳说要分房子，可以吗？

答：依照《民法典》第1087条第1款“离婚时，夫妻的共同财产由双方协议处理；协议不成的，由人民法院根据财产的具体情况，按照照顾子女、女方和无过错方权益的原则判决”，最高人民法院《关于适用〈中华人民共和国民法典〉婚姻家庭编的解释(一)》第78条“夫妻一方婚前签订不动产买卖合同，以个人财产支付首付款并在银行贷款，婚后用夫妻共同财产还贷，不动产登记于首付款支付方名下的，离婚时该不动产由双方协议处理。依前款规定不能达成协议的，人民法院可以判决该不动产归登记一方，尚未归还的贷款为不动产登记一方的个人债务。双方婚后共同还贷支付的款项及其相对应财产增值部分，离婚时应根据民法典第一千零八十七条第一款规定的原则，由不动产登记一方对另一方进行补偿”之规定，如果你家大娃子、大儿媳在离婚时无法就大娃子婚前按揭、婚后共同还贷的房屋分割达成协议，一般情况下人民法院会判决房屋归大娃子所有，尚未偿还的房屋贷款由大娃子个人偿还，但你家大娃子应当依照法律规定对你大儿媳进行补偿。

102. 张三：我最近才听说，大娃子在结婚时和大儿媳签了一份书面协议，说愿意将婚前按揭那套房子的30%产权赠与大儿媳，但是一直没有办理房产登记手续。现在两口子闹离婚，大儿媳要求分割这30%的份额。如果到法院打官司，法院要不要判给她？

答：依照《民法典》第658条“赠与人在赠与财产的权利转移之前可以撤销赠与。经过公证的赠与合同或者依法不得撤销的具有救灾、扶贫、助残等公益、道德义务性质的赠与合同，不适用前款规定”以及最高人民法院《关于适用〈中华人民共和国民法典〉婚姻家庭编的解释（一）》第32条“婚前或婚姻关系存续期间，当事人约定将一方所有的房产赠与另一方或者共有，赠与方在赠与房产变更登记之前撤销赠与，另一方请求判令继续履行的，人民法院可以按照民法典第六百五十八条的规定处理”之规定，虽然你家大娃子与你大儿媳约定将房屋30%的产权赠与你大儿媳，但该约定未经公证也不具有救灾、扶贫、助残等公益、道德义务性质，且一直未办理登记手续，因此你家大娃子可以在产权变更登记前撤销赠与。除非你家大娃子同意，否则你大儿媳的请求不能得到人民法院的支持。

103. 张三：大娃子结婚后买了一辆小车，登记在大儿媳名下。现在他们两口子闹离婚都想要钱不要车，法院会怎么判呢？

答：依照最高人民法院《关于适用〈中华人民共和国民法典〉婚姻家庭编的解释（一）》第76条“双方对夫妻共同财产中的房屋价值及归属无法达成协议时，人民法院按以下情形分别处理：（一）双方均主张房屋所有权并且同意竞价取得的，应当准许；（二）一方主张房屋所有权的，由评估机构按市场价格对房屋作出评估，取得房屋所有权的一方应当给予另一方相应的补偿；（三）双方均不主张房屋所有权的，根据当事人的申请拍卖、变卖房屋，就所得价款进行分割”之规定，虽然你家大娃子、大儿媳请求分割的共同财产是车辆，但一般情况下人民法院会参照上述法律规定作出处理。

如果他们都不想要车，可以协商将车辆变卖，就所得价款进行分割；如果不能协商一致，可以在离婚诉讼时请求人民法院对车辆进行拍卖、变卖，然后就所得价款进行分割。建议双方自行协商变卖较为划算，如果请求人民法院评估、拍卖，会产生评估费、拍卖佣金等。

104. 张三：大娃子婚后在外打工期间被厂里机器削断了两根手指，厂里赔了 8 万元。现在两口子闹离婚，大儿媳要求分割这笔钱，可以吗？

答：依照《民法典》第 1063 条“下列财产为夫妻一方的个人财产：（一）一方的婚前财产；（二）一方因受到人身损害获得的赔偿或者补偿；（三）遗嘱或者赠与合同中确定只归一方的财产；（四）一方专用的生活用品；（五）其他应当归一方的财产”之规定，厂里赔给大娃子的这 8 万元是大娃子因受到人身损害而获得的赔偿，依法属于大娃子的个人财产，离婚时大儿媳无权请求分割。

105. 张三：大娃子结婚后两口子签了一份书面协议，约定如果一方出轨导致离婚，出轨方净身出户。现在他们两口子因大儿媳婚内出轨离婚，大娃子可不可以按照协议约定要求大儿媳净身出户？

答：你家大娃子、大儿媳签订的协议俗称“忠诚协议”，其实质属于情感、道德范围，不是夫妻婚内财产约定，故应当由夫妻双方本着诚实信用原则自觉自愿履行。法律并不禁止夫妻之间签订此类协议，但也不赋予此类协议强制执行力。离婚时无过错的一方以夫妻“忠诚协议”为由主张分割夫妻共同财产的，人民法院不予支持。

依照《民法典》第 1087 条第 1 款“离婚时，夫妻的共同财产由双方协议处理；协议不成的，由人民法院根据财产的具体情况，按照照顾子女、女方和无过错方权益的原则判决”之规定，人民法院在审理离婚纠纷时，会综合考虑上述情况对夫妻共同财产依法予以分割。

106. 张三：大娃子两口子闹离婚，大儿媳说她借了王老五 10 万元，王老五也提供了借条。但大娃子在外面打工对这个借款根本不清楚，更没有签字。现在大儿媳要大娃子还一半，大娃子要不要还这个钱？

答：依照《民法典》第 1064 条“夫妻双方共同签名或者夫妻一方事后追认等共同意思表示所负的债务，以及夫妻一方在婚姻关系存续期间以个人名义为家庭日常生活需要所负的债务，属于夫妻共同债务。夫妻一方在婚姻关系存续期间以个人名义超出家庭日常生活需要所负的债务，不属于夫妻共同债务；但是，债权人能够证明该债务用于夫妻共同生活、共同生产经营或者基于夫妻双方共同意思表示的除外"之规定，如果大娃子对这10万元表示追认，或者大儿媳将这10万元用于其家庭日常生活所需，或者王老五有证据证明这10万元用于大娃子夫妻共同生活、共同生产经营或者基于你家大娃子、大儿媳的共同意思表示，该笔借款将被人民法院依法认定为夫妻共同债务，否则将不会被认定为夫妻共同债务。

依照《民法典》第1092条"夫妻一方隐藏、转移、变卖、毁损、挥霍夫妻共同财产，或者伪造夫妻共同债务企图侵占另一方财产的，在离婚分割夫妻共同财产时，对该方可以少分或者不分"之规定，如果人民法院经审理查明该债务为虚假债务，在离婚分割共同财产时，可以依法判决大儿媳少分或者不分。同时人民法院还将依照《民事诉讼法》第114条、第115条的规定，对涉及虚假诉讼的当事人根据情节轻重予以罚款、拘留；构成犯罪的，依法追究刑事责任。

107. 张三：大娃子两口子婚后共同向县农商银行借了5万元，离婚时约定这5万元由大儿媳偿还。现在两个人离婚一年多了，但大儿媳一直没还这笔钱。最近听说县农商银行准备起诉大儿媳和大娃子，大娃子该不该还这笔贷款？

答：依照最高人民法院《关于适用〈中华人民共和国民法典〉婚姻家庭编的解释（一）》第35条"当事人的离婚协议或者

人民法院生效判决、裁定、调解书已经对夫妻财产分割问题作出处理的，债权人仍有权就夫妻共同债务向男女双方主张权利。一方就夫妻共同债务承担清偿责任后，主张由另一方按照离婚协议或者人民法院的法律文书承担相应债务的，人民法院应予支持”之规定，尽管你家大娃子、大儿媳已经离婚且对这笔债务的偿还问题进行了约定，但该约定不能对抗债权人县农商银行，县农商银行仍有权要求他们夫妻二人还款。如大娃子偿还了此笔贷款，可以基于离婚时的约定向大儿媳进行追偿。

108. 张三：大娃子和大儿媳婚内生了一个小孩，今年刚满 9 周岁。如果他们俩离婚，法院会把小娃儿判给谁?

答：依照《民法典》第 1084 条第 3 款“离婚后，不满两周岁的子女，以由母亲直接抚养为原则。已满两周岁的子女，父母双方对抚养问题协议不成的，由人民法院根据双方的具体情况，按照最有利于未成年子女的原则判决。子女已满八周岁的，应当尊重其真实意愿”之规定，夫妻离婚后由哪一方直接抚养未成年子女，法院将根据双方的具体情况，按照最有利于未成年子女的原则判决。一般情况下人民法院会主持夫妻双方进行协商，如协商不成将依照上述规定就子女抚养问题依法判决。因你家大娃子、大儿媳的小孩已满 9 周岁，法院将尊重其真实意愿。

109. 张三：大娃子两口子离婚时约定孙子由女方抚养，两个人离婚后孙子也一直随女方生活。前段时间孙子在学校玩耍时把一个同学撞伤了，现在对方起诉赔偿，把大娃子也告了。对方是不是不该告大娃子？

答：依照《民法典》第1084条第1款和第2款“父母与子女间的关系，不因父母离婚而消除。离婚后，子女无论由父或者母直接抚养，仍是父母双方的子女。离婚后，父母对于子女仍有抚养、教育、保护的权利和义务”之规定，父母与子女的权利义务关系基于血缘关系产生，不因父母离婚而消除。大娃子离婚后虽然不直接抚养孩子，但与孩子之间的父子关系并未改变，法律上的权利义务关系也未改变。依照《民法典》第27条第1款“父母是未成年子女的监护人”之规定，大娃子仍是孩子的监护人，故权利人起诉孩子的父母并无不当。

110. 张三：大娃子两口子闹离婚，如果法院最终判决小孩由大儿媳抚养，我作为小孩的爷爷，能不能直接起诉请求探望孙子？

答：依照《民法典》第1086条第1款“离婚后，不直接抚养子女的父或者母，有探望子女的权利，另一方有协助的义务”之规定，探望权的产生以父母离婚为前提条件，以不直接抚养子女为必要条件，享有探望权的主体是“不直接抚养子女的父或者母”。祖父母探望孙子是合情合理的，但祖父母的探望权目前尚不是法律调整的范围。

111. 张三：大娃子两口子离婚时约定孙子由大儿媳抚养，大娃子每个月给500元抚养费。现在他们两个离婚还不到两年，大儿媳又以孙子的名义起诉，要求大娃子每个月增加1000元的抚养费。大儿媳这种行为明显不讲诚信，人民法院要不要支持孙子的诉讼请求？

答：依照《民法典》第1085条“离婚后，子女由一方直接抚养的，另一方应当负担部分或者全部抚养费。负担费用的多少和期限的长短，由双方协议；协议不成的，由人民法院判决。前款规定的协议或者判决，不妨碍子女在必要时向父母任何一方提出超过协议或者判决原定数额的合理要求”，最高人民法院《关于适用〈中华人民共和国民法典〉婚姻家庭编的解释（一）》第58条“具有下列情形之一，子女要求有负担能力的父或者母增加抚养费的，人民法院应予支持：（一）原定抚养费数额不足以维持当地实际生活水平；（二）因子女患病、上学，实际需要已超过原定数额；（三）有其他正当理由应当增加”之规定，子女有权在父母离婚后向父母任何一方提起增加抚养费的诉讼，但人民法院会根据案件的具体情况严格审查增加抚养费的“必要性”和“合理性”并依法作出裁判。

112. 张三：我们家最近才知道，大儿媳婚内出轨了。现在大娃子起诉离婚，可以要求大儿媳赔偿吗？

答：依照《民法典》第 1091 条“有下列情形之一，导致离婚的，无过错方有权请求损害赔偿：（一）重婚；（二）与他人同居；（三）实施家庭暴力；（四）虐待、遗弃家庭成员；（五）有其他重大过错”之规定，如果确有证据证明你大儿媳在婚姻生活中存在重大过错且该过错是双方离婚的原因，你家大娃子作为无过错方就有权请求对方进行赔偿。

依照最高人民法院《关于适用〈中华人民共和国民法典〉婚姻家庭编的解释（一）》第 88 条第 1 项“（一）符合民法典第一千零九十一条规定的无过错方作为原告基于该条规定向人民法院提起损害赔偿请求的，必须在离婚诉讼的同时提出”之规定，你家大娃子应在离婚诉讼的同时提出损害赔偿。

113. 张三：大娃子两口子离婚都一年多了，因为县农商银行贷款那个官司才得知大儿媳在婚姻关系存续期间还偷偷存了 15 万元。现在大娃子准备到法院起诉请求分割这笔钱，可以吗？

答：依照《民法典》第 1092 条“夫妻一方隐藏、转移、变卖、毁损、挥霍夫妻共同财产，或者伪造夫妻共同债务企图侵占另一方财产的，在离婚分割夫妻共同财产时，对该方可以少分或者不分。离婚后，另一方发现有上述行为的，可以向人民法院提起诉讼，请求再次分割夫妻共同财产”之规定，如果确有证据证明这15万元是你家大娃子、大儿媳婚姻关系存续期间的共同财产，大娃子有权在离婚后请求分割。需要提醒的是，向人民法院提起诉讼请求再次分割夫妻共同财产的诉讼时效期间为3年，从当事人发现之日起开始计算。

114. 张三：上次王老五女儿被他女婿打断了一根肋骨，他女儿起诉离婚法院就判离了，但我家大娃子第二次起诉离婚，法院还是判不离，这是怎么回事？

答：依照《民法典》第1079条“夫妻一方要求离婚的，可以由有关组织进行调解或者直接向人民法院提起离婚诉讼。人民法院审理离婚案件，应当进行调解；如果感情确已破裂，调解无效的，应当准予离婚。有下列情形之一，调解无效的，应当准予离婚：（一）重婚或者与他人同居；（二）实施家庭暴力或者虐待、遗弃家庭成员；（三）有赌博、吸毒等恶习屡教不改；（四）因感情不和分居满二年；（五）其他导致夫妻感情破裂的情形。一方被宣告失踪，另一方提起离婚诉讼的，应当准予离婚。经人民法院判决不准离婚后，双方又分居满一年，一方再次提起离婚诉讼的，应当准予离婚”之规定，离婚纠纷人民法院是否判决离婚，关键看是否符合上述法定情形。司法实践中，对第一次起诉离婚但又不能举证证明存在上述情形且另一方又不同意离婚的，人民法院本着维护婚姻家庭稳定的原则，一般判决不准离婚。

115. 张三：我家二儿媳嫌弃二娃子智力有问题，强烈要求离婚。我们家可不可以要求二儿媳给予二娃子适当的补偿呢？

答：依照《民法典》第 1090 条"离婚时，如果一方生活困难，有负担能力的另一方应当给予适当帮助。具体办法由双方协议；协议不成的，由人民法院判决"之规定，夫妻有互相扶助的义务。如果确有证据证明二娃子离婚时生活困难，则二娃子可以在离婚时要求对方给予适当帮助，但前提是对方有负担能力。

12

第十二章

“涉亲情”的那些法律事儿

116. 张三：我和翠花闹矛盾一直处于分居状态，但没有离婚。二娃子因智力二级障碍离了婚后就和我生活在一起，翠花什么都不管。二娃子能不能找翠花要抚养费呢?

答：依照《民法典》第1067条第1款“父母不履行抚养义务的，未成年子女或者不能独立生活的成年子女，有要求父母给付抚养费的权利”以及最高人民法院《关于适用〈中华人民共和国民法典〉婚姻家庭编的解释（一）》第43条“婚姻关系存续期间，父母双方或者一方拒不履行抚养子女义务，未成年子女或者不能独立生活的成年子女请求支付抚养费的，人民法院应予支持”之规定，二娃子有权要求翠花给付抚养费。

117. 张三：大娃子的娃儿今年已满18周岁，9月就要去外省读大学了，但大娃子说那个学校不好，喊他娃儿再复学一年，不然就不给学费和生活费。大娃子可不可以不给我这个孙娃子大学期间的学费和生活费呢?

答：依照《民法典》第1067条第1款“父母不履行抚养义务的，未成年子女或者不能独立生活的成年子女，有要求父母给付抚养费的权利”以及最高人民法院《关于适用〈中华人民共和国民法典〉婚姻家庭编的解释（一）》第41条“尚在校接受高中及其以下学历教育，或者丧失、部分丧失劳动能力等非因主观原因而无法维持正常生活的成年子女，可以认定为民法典第一千零六十七条规定的‘不能独立生活的成年子女’”之规定，大娃子的孩子已年满18周岁并且接受的是大学教育，除非丧失或部分丧失劳动能力等非出于主观原因而无法维持正常生活，否则依法不应认定为“不能独立生活的成年子女”，因此不具有要求父母给付抚养费的权利。

需要说明的是，依照《民法典》第1043条第2款“……家庭成员应当敬老爱幼，互相帮助，维护平等、和睦、文明的婚姻家庭关系”之规定，虽然大娃子的孩子已满18周年且接受的是大学教育，但家庭成员应当互相帮助，建议父母在力所能及的范围内给予帮助。家庭经济确实困难的，可以向相关单位申请助学金。

118. 张三：我家二娃子智力二级障碍又离了婚，还没有娃儿。为了他以后老有所养，我们想让二娃子收养一个小孩，可不可以？

答：依照《民法典》第1098条“收养人应当同时具备下列条件：（一）无子女或者只有一名子女；（二）有抚养、教育和保护被收养人的能力；（三）未患有在医学上认为不应当收养子女的疾病；（四）无不利于被收养人健康成长的违法犯罪记录；（五）年满三十周岁”之规定，你家二娃子患有智力二级障碍，不具备抚养、教育和保护被收养人的能力，故不能收养小孩。

另外，《民法典》对收养子女还有一些其他限制性规定，比如“无子女的收养人可以收养两名子女；有子女的收养人只能收养一名子女”“无配偶者收养异性子女的，收养人与被收养人的年龄应当相差四十周岁以上”。

119. 张三：二娃子没法收养娃儿，那以后我和翠花死了谁来照顾他呢？他哥和他妹有没有扶养他的义务呢？

答：依照《民法典》第 1075 条第 1 款“有负担能力的兄、姐，对于父母已经死亡或者父母无力抚养的未成年弟、妹，有扶养的义务”之规定，二娃子尽管存在智力二级障碍但因为是成年人，故从法律角度讲他哥和他妹没有扶养他的义务。但依照《民法典》第 1043 条“家庭应当树立优良家风，弘扬家庭美德，重视家庭文明建设……家庭成员应当敬老爱幼，互相帮助，维护平等、和睦、文明的婚姻家庭关系”之规定，基于三兄妹之间的血缘关系，二娃子他哥和他妹至少从伦理、情感、道德的角度有义务照顾二娃子。同时国家对老、弱、病、残的公民有完善、充分的照管、保护机制，你和翠花对此大可不必担心。

120. 张三：我三女儿再婚后，女婿因交通事故死亡。他个人银行账户上有 6 万元存款，还有一套全款购买的、登记在我女婿和女儿名下的房子。女婿和女儿结婚前抚养了一个女儿今年刚满 10 周岁，女婿的父亲今年 68 岁，母亲已经去世。女婿还有一个哥哥、一个姐姐。现在女婿的哥哥、姐姐都说他们也是女婿的继承人，要求继承女婿的财产。女婿的哥哥、姐姐能不能继承我女婿的遗产？

答：依照《民法典》第 1123 条“继承开始后，按照法定继承办理；有遗嘱的，按照遗嘱继承或者遗赠办理；有遗赠扶养协议的，按照协议办理”之规定，如你女婿没有遗嘱或遗赠抚养协议，应当按照法定继承办理。

依照《民法典》第 1127 条第 1 款和第 2 款“遗产按照下列顺序继承：（一）第一顺序：配偶、子女、父母；（二）第二顺序：兄弟姐妹、祖父母、外祖父母。继承开始后，由第一顺序继承人继承，第二顺序继承人不继承；没有第一顺序继承人的，由第二顺序继承人继承”之规定，根据你的陈述，你女婿去世后，他的第一顺序遗产继承人有你女儿、女婿的父亲和女婿的女儿共 3 人，第二顺序遗产继承人有你女婿的哥哥和姐姐。因为有第一顺序继承人且第一顺序继承人没有放弃继承的意思表示，所以第二顺序继承人不继承。

121. 张三：关于女婿去世留下的存款和房子，“亲家公”说这些都是女婿的遗产，我三女儿认为这里面有夫妻共同财产，因此只有一半是遗产。他们谁说的对？

答：依照《民法典》第 1122 条“遗产是自然人死亡时遗留的个人合法财产。依照法律规定或者根据其性质不得继承的遗产，不得继承”之规定，遗产应是自然人死亡时遗留的“个人”合法财产，因此法定继承开始时首先应将“个人”的合法财产与“他人”的财产区分开来。依照《民法典》第 1153 条“夫妻共同所有的财产，除有约定的外，遗产分割时，应当先将共同所有的财产的一半分出为配偶所有，其余的为被继承人的遗产。遗产在家庭共有财产之中的，遗产分割时，应当先分出他人的财产”之规定，根据你的陈述，除非你家三女儿与女婿之间有财产方面的约定，否则你女婿名下的房子、存款首先应分出“一半”归你女儿所有，其余的才是你女婿的遗产。

122. 张三：现在继承人确定了，遗产也确定了，但几个人又为遗产分配份额的问题扯来扯去。“亲家公”认为自己年龄大了挣不到钱要多分一些，我女儿认为女婿的小孩正在长身体更应该多分一些。各方说的都有一定道理，这个事情到底该怎么处理比较好？

答：依照《民法典》第1130条“同一顺序继承人继承遗产的份额，一般应当均等。对生活有特殊困难又缺乏劳动能力的继承人，分配遗产时，应当予以照顾。对被继承人尽了主要扶养义务或者与被继承人共同生活的继承人，分配遗产时，可以多分。有扶养能力和有扶养条件的继承人，不尽扶养义务的，分配遗产时，应当不分或者少分。继承人协商同意的，也可以不均等”以及第1132条“继承人应当本着互谅互让、和睦团结的精神，协商处理继承问题。遗产分割的时间、办法和份额，由继承人协商确定；协商不成的，可以由人民调解委员会调解或者向人民法院提起诉讼”之规定，建议你女儿和你“亲家公”本着互谅互让、和睦团结的精神，按照上述法律规定的原则实事求是地协商确定遗产的分配份额。如果协商不成，可以请求人民调解委员会调解或者向人民法院提起诉讼。

人民法院在审理该类纠纷时，会综合考虑继承人生活是否有特殊困难并且又缺乏劳动能力、是否对被继承人尽了主要扶养义务或者与被继承人共同生活、是否存在有扶养能力和扶养条件的继承人不尽扶养义务等具体情况依法裁判。

123. 张三：上面这些问题基本都协商下来了，现在又冒出一个问题：“亲家公”非要这个房子不可，但我女儿也想要这套房子。这又该怎么处理呢？

答：依照《民法典》第1156条“遗产分割应当有利于生产和生活需要，不损害遗产的效用。不宜分割的遗产，可以采取折价、适当补偿或者共有等方法处理”之规定，建议各方本着互谅互让、和睦团结的精神协商处理房屋的所有权归属。如果协商不成，可以向法院提起诉讼，法院将按照“有利于生产和生活需要”的原则确定房屋所有权的归属。一方取得房屋所有权后，应当补偿其他继承人。

124. 张三：女婿因交通事故死亡，双方就赔偿事宜进行协商时谈的总赔偿费用有80多万元。我女儿的意思是这80多万元还是先分一半归自己，剩下一半按照遗产由3人均分。但“亲家公”又开始“扯筋”，说还是按照法律规定来，该怎么分就怎么分。这些赔偿款到底该怎么分？

答：因交通事故死亡，一般情况下赔偿的费用有交通事故发生时的抢救费，后续的丧葬费，亲属办理丧葬事宜支出的交通费、住宿费、生活费、误工费，精神抚慰金，死亡赔偿金以及被抚养人生活费等。这些费用大多具有专属性、专门性，所以每一项费用的分配要根据其不同性质来进行合理划分。

抢救费、丧葬费以及亲属办理丧葬事宜支出的交通费、住宿费、生活费和误工费等是处理此类事故时通常必然产生的费用，应当据实支付。

精神抚慰金是对受害人近亲属精神上受到的痛苦进行的赔偿，可以按照配偶和“亲等较近者优先”的原则协议分配，也可以由3人均分。

“死亡赔偿金”的法律性质为财产损害赔偿，其赔偿请求权人为具有“钱袋共同”关系的近亲属，是受害人近亲属具有人身专属性质的法定赔偿金。因此，“死亡赔偿金”不是遗产，不能作为遗产被继承。受害人的法定继承人如果仅对受害人的“死亡赔偿金”分配问题产生争议，人民法院通常会按照共有纠纷进行处理。处理原则是依照各法定继承人与受害人生前的生活紧密程度、经济依赖程度等具体情况进行合理分配，原则上不等分。

被扶养人生活费专属于受害人依法应当承担扶养义务的未成年人或者丧失劳动能力又无其他生活来源的成年近亲属。被扶养人生活费赔偿的计算公式是：被扶养人生活费 = 人均消费性支出（以受诉法院上一年度省级人民政府公布的数据为标准）×需要扶养年限。被扶养人为未成年人的，计算至18周岁；被扶养人为无劳动能力又无其他生活来源的成年近亲属，计算20年。但年满

60 周岁以上的，年龄每增加 1 岁减少 1 年；75 周岁以上的，按 5 年计算。如果被扶养人还有其他的扶养人，则只计算受害人本人依法应当承担的部分。如果被扶养人有几个人，侵权人需要赔偿的被扶养人生活费一年的总额不能超过受诉法院上一年度省级人民政府公布的人均消费支出的年度总额。

按照你的陈述，你“亲家公”今年 68 岁，需要被扶养的年限为 12 年（80－68）。因你“亲家公”除你女婿外，还有其他两个扶养人即一个儿子和一个女儿，所以他的被扶养人生活费为受诉法院上一年度省级人民政府公布的人均消费性支出×(80－68)×1/3。同理，你女婿的女儿今年 10 岁，她需要被扶养的年限为 8 年（18－10）。你女婿的女儿除你女婿外，还有其他扶养人即她的生母，所以她的被扶养人生活费为受诉法院上一年度省级人民政府公布的人均消费性支出×(18－10)×1/2。

125. 张三：我女婿死了，女婿的女儿还小，但她亲生妈又不管这个娃儿。我女儿能收养这个娃儿不？

答：依照《民法典》第 1103 条“继父或者继母经继子女的生父母同意，可以收养继子女，并可以不受本法第一千零九十三条第三项、第一千零九十四条第三项、第一千零九十八条和第一千一百条第一款规定的限制”之规定，你家女儿离异后再婚，即与对方的子女形成继子女关系。现因小孩的生父死亡，只要小孩的生母同意，你女儿就可以收养这个孩子。

需要提醒的是，依照《民法典》第 1105 条第 1 款“收养应当向县级以上人民政府民政部门登记。收养关系自登记之日起成立”之规定，你女儿应当到县级以上人民政府的民政部门办理收养登记手续。

126. 张三：我女儿和她的养女已经在县民政部门办理了收养登记，但我还是有点担心，如果女儿以后年纪大了，她养女不养她该怎么办呢？

答：依照《民法典》第1111条第1款“自收养关系成立之日起，养父母与养子女间的权利义务关系，适用本法关于父母子女关系的规定；养子女与养父母的近亲属间的权利义务关系，适用本法关于子女与父母的近亲属关系的规定”之规定，你女儿与养女之间办理收养登记之日起，她们之间的权利义务关系，适用《民法典》关于父母子女关系的规定。如果将来养女不履行赡养义务，你女儿可以依照《民法典》第1067条第2款“成年子女不履行赡养义务的，缺乏劳动能力或者生活困难的父母，有要求成年子女给付赡养费的权利”之规定，向人民法院提起诉讼，要求其给付赡养费。

13

第十三章

“养老”的那些法律事儿

127. 张三：这几天王老五家几个娃儿因为赡养王老五的事情吵得不可开交，他小女儿说，自己是嫁出去的女儿泼出去的水，赡养老人天经地义是儿子的事，她不管。她这个说法对不对？

答：她的说法不正确。依照《民法典》第26条第2款“成年子女对父母负有赡养、扶助和保护的义务”，第1067条第2款“成年子女不履行赡养义务的，缺乏劳动能力或者生活困难的父母，有要求成年子女给付赡养费的权利”，《老年人权益保障法》第14条“赡养人应当履行对老年人经济上供养、生活上照料和精神上慰藉的义务，照顾老年人的特殊需要。赡养人是指老年人的子女以及其他依法负有赡养义务的人。赡养人的配偶应当协助赡养人履行赡养义务”之规定，成年子、女均负有赡养父母的义务。

128. 张三：王老五家几个娃儿家庭情况比较特殊，有的全家在外务工没有时间，有的在家务农但经济又不宽裕。如何赡养王老五，有什么好主意吗？

答：依照《老年人权益保障法》第14条第1款“赡养人应当履行对老年人经济上供养、生活上照料和精神上慰藉的义务，照顾老年人的特殊需要”，第15条“赡养人应当使患病的老年人及时得到治疗和护理；对经济困难的老年人，应当提供医疗费用。对生活不能自理的老年人，赡养人应当承担照料责任；不能亲自照料的，可以按照老年人的意愿委托他人或者养老机构等照料”，

第 16 条"赡养人应当妥善安排老年人的住房，不得强迫老年人居住或者迁居条件低劣的房屋。老年人自有的或者承租的住房，子女或者其他亲属不得侵占，不得擅自改变产权关系或者租赁关系。老年人自有的住房，赡养人有维修的义务"，第 17 条"赡养人有义务耕种或者委托他人耕种老年人承包的田地，照管或者委托他人照管老年人的林木和牲畜等，收益归老年人所有"，第 19 条"赡养人不得以放弃继承权或者其他理由，拒绝履行赡养义务。赡养人不履行赡养义务，老年人有要求赡养人付给赡养费等权利。赡养人不得要求老年人承担力不能及的劳动"之规定，如果赡养人之间就赡养事宜产生争议，建议赡养人依照上述规定和自身实际情况对老年人的赡养问题进行协商。时间充足的可以多履行生活上照料的义务，经济宽裕的可以多履行经济上供养的义务，从而确保老年人老有所依、老有所养。

依照《老年人权益保障法》第 18 条"家庭成员应当关心老年人的精神需求，不得忽视、冷落老年人。与老年人分开居住的家庭成员，应当经常看望或者问候老年人。用人单位应当按照国家有关规定保障赡养人探亲休假的权利"之规定，家庭成员应当关心老年人的精神需求，这需要所有赡养人共同来完成。

129. 张三：王老五家几个娃儿经过商量，并征得王老五同意，决定送王老五到县上的康养医院养老。前几天王老五在康养医院上厕所时摔骨折了。康养医院应不应该赔钱呢？

答：依照《民法典》第 1165 条第 1 款"行为人因过错侵害他

人民事权益造成损害的，应当承担侵权责任”，第 1198 条第 1 款“宾馆、商场、银行、车站、机场、体育场馆、娱乐场所等经营场所、公共场所的经营者、管理者或者群众性活动的组织者，未尽到安全保障义务，造成他人损害的，应当承担侵权责任”之规定，如果王老五在康养医院摔伤且有证据证明康养医院未尽到安全保障义务，则康养医院应当承担侵权责任。

130. 张三：王老五摔伤后被送到一家骨科医院治疗，但治疗了一个多月还是没有好转，昨天医院说医疗效果不好，喊王老五转院。既然这个医院治疗不好，那为什么一开始要收治，白白耽误了一个多月，这不是耽误病情吗？这种情况王老五可不可以找医院赔钱呢？

答：依照《民法典》第 1218 条“患者在诊疗活动中受到损害，医疗机构或者其医务人员有过错的，由医疗机构承担赔偿责任”，第 1219 条“医务人员在诊疗活动中应当向患者说明病情和医疗措施。需要实施手术、特殊检查、特殊治疗的，医务人员应当及时向患者具体说明医疗风险、替代医疗方案等情况，并取得其明确同意；不能或者不宜向患者说明的，应当向患者的近亲属说明，并取得其明确同意。医务人员未尽到前款义务，造成患者损害的，医疗机构应当承担赔偿责任”，第 1221 条“医务人员在诊疗活动中未尽到与当时的医疗水平相应的诊疗义务，造成患者损害的，医疗机构应当承担赔偿责任"之规定，如果医疗机构或者其医务人员在诊疗活动中有过错，或者未向患者或患者的近亲属说明病情和医疗措施，或者未尽到与当时的医疗水平相应的诊疗义务，从而造成患者损害，医疗机构应当承担赔偿责任。

131. 张三：王老五认为骨科医院在诊疗过程中存在过错，但不知道医院错在哪里。怎么收集这方面证据呢？

答：依照《民法典》第 1222 条"患者在诊疗活动中受到损害，有下列情形之一的，推定医疗机构有过错：（一）违反法律、行政法规、规章以及其他有关诊疗规范的规定；（二）隐匿或者拒绝提供与纠纷有关的病历资料；（三）遗失、伪造、篡改或者违法销毁病历资料"之规定，如果医疗机构存在上述情形，可以直接推定医疗机构存在过错。除上述情形外，患者一方应当承担医疗机构是否存在过错的举证责任。故患者应当保存好相关的诊疗资料，并申请专业的鉴定机构对医疗机构的诊疗行为是否存在过错进行鉴定。需要提醒的是，如果患者担心医疗机构伪造病历或者担心医疗药品、器械被当作医废物资处理致使相关证据灭失，可以在出院时向医疗机构或医疗行政主管机关申请对相关病历、医疗药品、器械进行封存。

另外，依照《民法典》第 1224 条"患者在诊疗活动中受到损害，有下列情形之一的，医疗机构不承担赔偿责任：（一）患者或者其近亲属不配合医疗机构进行符合诊疗规范的诊疗；（二）医务人员在抢救生命垂危的患者等紧急情况下已经尽到合理诊疗义务；（三）限于当时的医疗水平难以诊疗。前款第一项情形中，医疗机构或者其医务人员也有过错的，应当承担相应的赔偿责任”之规定，如果医疗纠纷中存在上述情形，医疗机构不承担赔偿责任。

132. 张三：王老五伤愈出院后说什么都不去康养医院了，现在在县城单独居住。昨天他打电话给我，喊我和他一起去旅游，四天三夜包吃包住包景区门票，只要200多元。我觉得王老五多半遇到了骗子。

答：王老五可能遇到了“养老诈骗”中的“低价旅游”诈骗。这类诈骗一般情况下会以不合理的价格吸引老年人参团旅游，途中再通过强制、诱导、捆绑等方式诓骗老年人购买假冒伪劣的保健品、生活用品甚至奢侈品，或者途中变相增加各种高额费用。

目前有关养老诈骗的犯罪活动比较猖獗，虽然说诈骗行为层出不穷、防不胜防，但大体上有以下11种情形：一是保健品诈骗，这类案件属于多发、高发，应引起老年人的特别注意；二是提供虚假养老服务，比如利用上门照料、机构托管、提供床位等方式诱骗老年人签订养老合同、缴纳会费、购买养老床位、预交养老服务费等；三是以房养老诈骗，比如推出“以房养老”服务，诱骗、忽悠老年人抵押房产贷款，再将贷款用于“高收益”

的"理财项目"等；四是冒充"公检法"实施诈骗，比如谎称子女被司法机关逮捕需要缴纳保证金等；五是缴纳养老金骗局，比如冒充人社局工作人员，诱骗未参保老年人一次性缴纳社保费用等；六是开展虚假养老帮扶，比如开展虚假的义诊、心理关爱、直播陪护、慈善捐助、文化活动等骗取老年人信任后实施诈骗；七是"投资理财"骗局，比如通过赠送小礼物等方式吸引老年人关注，接着以开推荐会、理财知识讲座等为名，虚构高利息、高回报、低风险投资项目骗取钱财；八是低价旅游；九是中奖诈骗，比如以手机短信、网页抽奖等方式以小利一步一步获取老年人的身份信息、银行账号后实施诈骗；十是冒充亲友诈骗，比如冒充老年人的家人、亲友或同事，然后谎称发生交通事故或其他突发事故急需用钱从而骗取老年人钱财；十一是"黄昏恋"骗局，比如以谈恋爱、耍朋友为名，索取钱财等。遇到上述情形，务必特别小心。

133. 张三：王老五经我劝说也没参加那个所谓的旅行团了。现在诈骗这么多，我们怎么预防这些诈骗呢？如果被骗了，我们该怎么办呢？

答：虽然各种养老骗局五花八门，但也并非无法预防。只要能够做到以下几点，基本上就可以防止上当受骗：一是做到"五不"，即不轻信，比如电话里的人虽然能够轻易说出自己的身份信息、家庭住址、子女情况等，但遇到借钱或者花钱这类情形时一定要主动和子女沟通，必要时可以拨打"110"报警；不贪图，牢记天下没有免费的午餐，打消用小钱赚大钱的念头；不点击，对陌生号码发来的短信、邮件、链接等不点击、不下载、不观看；不盲目，对各种保健品、神药、进口药等不盲目相信疗效；不动钱，总之非必需必要，不轻易付款转账，特别是大额的钱款。二是做到“四个警惕”，即上门推销要警惕，免费活动要警惕，各种讲座要警惕，大宗交易要警惕。三是牢记“三个正规”，即通过正规途径获取信息，到正规场所参加活动，到正规机构购买物资。四是安装“一个软件”，即手机下载安装国家反诈中心软件。

如果发现自己被骗，应该第一时间报警或向社区、居委会（村委会）或其他部门求助，并注意收集、保存相关证据。

134. 张三：王老五前段时间找了一个老伴，他老伴担心王老五去世后自己无处可去，王老五想让他老伴一直在这个房子里住下去，但不想把房子给她。有什么好办法吗？

答：依照《民法典》第 366 条“居住权人有权按照合同约定，对他人的住宅享有占有、使用的用益物权，以满足生活居住的需要”，第 367 条“设立居住权，当事人应当采用书面形式订立居住权合同。居住权合同一般包括下列条款：（一）当事人的姓名或者名称和住所；（二）住宅的位置；（三）居住的条件和要求；（四）居住权期限；（五）解决争议的方法”，第 368 条“居住权无偿设立，但是当事人另有约定的除外。设立居住权的，应当向登记机构申请居住权登记。居住权自登记时设立”，第 371 条

“以遗嘱方式设立居住权的，参照适用本章的有关规定”之规定，如果王老五想让老伴在自己去世后能够一直在该房屋居住，而又不愿意把房屋所有权过户给老伴，可以依法为其设立居住权。

需要提醒的是，如果王老五最终决定为老伴设立居住权，需要立遗嘱或与老伴订立居住权合同，并向登记机构即不动产登记中心申请居住权登记。居住权自登记时设立。

135. 张三：因为王老五给老伴设立居住权的事情，王老五和几个子女闹得有些不愉快。为了避免以后子女们因为遗产闹矛盾，王老五准备立一个遗嘱。他怎么立遗嘱才符合法律规定呢？

答：依照《民法典》第1133条第1款“自然人可以依照本法规定立遗嘱处分个人财产，并可以指定遗嘱执行人”之规定，自然人可以按照法律规定立遗嘱处分个人财产，并可以指定遗嘱执行人。

按照法律规定，遗嘱的形式共有6种，即自书遗嘱、代书遗嘱、打印遗嘱、录音遗嘱、公证遗嘱以及口头遗嘱。《民法典》对不同形式的遗嘱有明确规定。第1134条规定：“自书遗嘱由遗嘱人亲笔书写，签名，注明年、月、日。”第1135条规定：“代书遗嘱应当有两个以上见证人在场见证，由其中一人代书，并由遗嘱人、代书人和其他见证人签名，注明年、月、日。”第1136条规定：“打印遗嘱应当有两个以上见证人在场见证。遗嘱人和见证人应当在遗嘱每一页签名，注明年、月、日。”第1137条规定：

“以录音录像形式立的遗嘱，应当有两个以上见证人在场见证。遗嘱人和见证人应当在录音录像中记录其姓名或者肖像，以及年、月、日。”第1138条规定：“遗嘱人在危急情况下，可以立口头遗嘱。口头遗嘱应当有两个以上见证人在场见证。危急情况消除后，遗嘱人能够以书面或者录音录像形式立遗嘱的，所立的口头遗嘱无效。”第1139条规定：“公证遗嘱由遗嘱人经公证机构办理。”

关于遗嘱见证人，《民法典》第1140条规定：“下列人员不能作为遗嘱见证人：（一）无民事行为能力人、限制民事行为能力人以及其他不具有见证能力的人；（二）继承人、受遗赠人；（三）与继承人、受遗赠人有利害关系的人。”另外，依照最高人民法院《关于适用〈中华人民共和国民法典〉继承编的解释（一）》第24条之规定，继承人、受遗赠人的债权人、债务人，共同经营的合伙人，也应当视为与继承人、受遗赠人有利害关系，不能作为遗嘱的见证人。

关于遗嘱的法律效力问题，《民法典》第1143条规定：“无民事行为能力人或者限制民事行为能力人所立的遗嘱无效。遗嘱必须表示遗嘱人的真实意思，受欺诈、胁迫所立的遗嘱无效。伪造的遗嘱无效。遗嘱被篡改的，篡改的内容无效。”另外，依照《民法典》第1141条“遗嘱应当为缺乏劳动能力又没有生活来源的继承人保留必要的遗产份额”，最高人民法院《关于适用〈中华人民共和国民法典〉继承编的解释（一）》第25条第1款“遗嘱人未保留缺乏劳动能力又没有生活来源的继承人的遗产份额，遗产处理时，应当为该继承人留下必要的遗产，所剩余的部分，才可参照遗嘱确定的分配原则处理"之规定，未保留缺乏劳动能力又没有生活来源的继承人的遗产份额，遗产处理时，应当为该继承人留下必要的遗产，所剩余的部分，才可参照遗嘱确定的分配原则处理。

136. 张三：王老五终于把遗嘱立好了，其中一条是农商银行的10万元存款由4个子女均分。但前几天王老五又将这笔钱取了5万元出来准备和老伴外出旅游。他这么做明显与遗嘱不符，可以吗？

答： 依照《民法典》第1142条"遗嘱人可以撤回、变更自己所立的遗嘱。立遗嘱后，遗嘱人实施与遗嘱内容相反的民事法律行为的，视为对遗嘱相关内容的撤回。立有数份遗嘱，内容相抵触的，以最后的遗嘱为准"之规定，王老五可以撤回、变更自己所立的遗嘱。另外，不管王老五生前以什么形式立有多少份遗嘱，如果这些遗嘱都真实、合法，但内容有抵触，以最后一份遗嘱为准。

137. 张三：春节前王老五因病去世了。他的邻居贺老八因为与王老五原来有矛盾，有天趁天黑向王老五坟头上泼大粪。俗话说，死者为大。贺老八这样做太过分了。这个该怎么办呢？

答： 依照《民法典》第991条"民事主体的人格权受法律保

护，任何组织或者个人不得侵害”，第 995 条“人格权受到侵害的，受害人有权依照本法和其他法律的规定请求行为人承担民事责任。受害人的停止侵害、排除妨碍、消除危险、消除影响、恢复名誉、赔礼道歉请求权，不适用诉讼时效的规定”，第 990 条“人格权是民事主体享有的生命权、身体权、健康权、姓名权、名称权、肖像权、名誉权、荣誉权、隐私权等权利。除前款规定的人格权外，自然人享有基于人身自由、人格尊严产生的其他人格权益”，第 994 条“死者的姓名、肖像、名誉、荣誉、隐私、遗体等受到侵害的，其配偶、子女、父母有权依法请求行为人承担民事责任；死者没有配偶、子女且父母已经死亡的，其他近亲属有权依法请求行为人承担民事责任”之规定，王老王的配偶、子女、父母一方面可以向公安机关报案，另一方面可以按上述规定向人民法院提起诉讼，要求贺老八承担民事责任。

14

第十四章

“打官司”的那些法律事儿

138. 张三：贺老八向王老五坟头上泼大粪的事情，村调解委员会组织双方进行了调解，由贺老八向王老五的娃儿道歉，并赔偿5000元。但时间过去半个月了，贺老八一直不给钱。现在应该怎么办呢？

答：依照《人民调解法》第33条“经人民调解委员会调解达成调解协议后，双方当事人认为有必要的，可以自调解协议生效之日起三十日内共同向人民法院申请司法确认，人民法院应当及时对调解协议进行审查，依法确认调解协议的效力。人民法院依法确认调解协议有效，一方当事人拒绝履行或者未全部履行的，对方当事人可以向人民法院申请强制执行……”之规定，为避免出现当事人在调解协议达成后又反悔的情况，双方当事人可以自调解协议生效之日起30日内共同向人民法院申请司法确认。调解协议经人民法院司法确认后，如果当事人反悔或者不履行调解协议确定的义务，另一方当事人可以直接向人民法院申请强制执行。如果一方当事人既不同意司法确认，又不履行调解协议确定的义务，另一方当事人可以向人民法院提起诉讼。

需要注意的是，依照最高人民法院《关于适用〈中华人民共和国民事诉讼法〉的解释》第355条“当事人申请司法确认调解协议，有下列情形之一的，人民法院裁定不予受理：（一）不属于人民法院受理范围的；（二）不属于收到申请的人民法院管辖的；（三）申请确认婚姻关系、亲子关系、收养关系等身份关系无效、有效或者解除的；（四）涉及适用其他特别程序、公示催告程序、破产程序审理的；（五）调解协议内容涉及物权、知识产权确权的……"之规定，不是所有的调解协议都可以到人民法院申请司法确认。

139. 张三：贺老八既不同意司法确认，又不给钱，王老五的娃儿决定起诉贺老八，但贺老八前年已经把户口迁到邻县去了，平时也很少回村里。王老五的娃儿该向哪个法院起诉呢？

答：依照《民事诉讼法》第29条"因侵权行为提起的诉讼，由侵权行为地或者被告住所地人民法院管辖"，第22条"……被告住所地与经常居住地不一致的，由经常居住地人民法院管辖……"以及最高人民法院《关于适用〈中华人民共和国民事诉讼法〉的解释》第3条"公民的住所地是指公民的户籍所在地……"，第4条"公民的经常居住地是指公民离开住所地至起诉时已连续居住一年以上的地方，但公民住院就医的地方除外"之规定，因王老五子女与贺老八的纠纷属于侵权责任纠纷，故王老五的子女可以向侵权行为地或贺老八住所地的人民法院提起诉讼，住所地与经常居住地不一致的，由经常居住地人民法院管辖。

关于案件管辖的问题，一般会按照"原告就被告"的原则由被告住所地人民法院管辖，被告住所地与经常居住地不一致的，由经常居住地人民法院管辖。但需要注意的是，不是所有案件都由被告住所地人民法院管辖，对不在中华人民共和国领域内居住的人、下落不明或者宣告失踪的人提起的有关身份关系的诉讼，对被监禁的人、被采取强制性教育措施的人提起的诉讼，因合同纠纷、保险合同纠纷、票据纠纷，因公司设立、确认股东资格、分配利润、解散等纠纷，因铁路、公路、水上、航空运输和联合运输合同纠纷，因铁路、公路、水上和航空事故请求损害赔偿，因船舶碰撞或者其他海事损害事故请求损害赔偿，因海难救助费用，因共同海损，因不动产纠纷，因港口作业中产生纠纷，因继承遗产纠纷等提起的诉讼的管辖问题，法律有特别规定。若当事人确实不知道应当由哪个法院管辖，可以就近到法院或找律师咨询，也可以拨打诉讼服务热线“12368”咨询。人民法院发现受理的案件不属于本院管辖的，也会按照《民事诉讼法》第 37 条的规定，移送有管辖权的人民法院。

140. 张三：王老五的娃儿决定向法院起诉贺老八，需要提供哪些材料呢？

答：依照《民事诉讼法》第 123 条第 1 款“起诉应当向人民法院递交起诉状，并按照被告人数提出副本”，第 124 条“起诉状应当记明下列事项：（一）原告的姓名、性别、年龄、民族、职业、工作单位、住所、联系方式，法人或者其他组织的名称、住所和法定代表人或者主要负责人的姓名、职务、联系方式；（二）被告的姓名、性别、工作单位、住所等信息，法人或者其他组织的名称、住所等信息；（三）诉讼请求和所根据的事实与理由；（四）证据和证据来源，证人姓名和住所”之规定，如果王老五的子女决定提起诉讼，应按照上述规定准备诉讼材料。

141. 张三：王老五的娃儿对打官司的事情确实搞不清楚，想请人帮他们打官司。可以请哪些人帮他们打官司呢?

答：依照《民事诉讼法》第61条“当事人、法定代理人可以委托一至二人作为诉讼代理人。下列人员可以被委托为诉讼代理人：（一）律师、基层法律服务工作者；（二）当事人的近亲属或者工作人员；（三）当事人所在社区、单位以及有关社会团体推荐的公民”，第62条“委托他人代为诉讼，必须向人民法院提交由委托人签名或者盖章的授权委托书。授权委托书必须记明委托事项和权限。诉讼代理人代为承认、放弃、变更诉讼请求，进行和解，提起反诉或者上诉，必须有委托人的特别授权……”以及最高人民法院《关于适用〈中华人民共和国民事诉讼法〉的解释》第88条“诉讼代理人除根据民事诉讼法第六十二条规定提交授权委托书外，还应当按照下列规定向人民法院提交相关材料：（一）律师应当提交律师执业证、律师事务所证明材料；（二）基层法律服务工作者应当提交法律服务工作者执业证、基层法律服务所出具的介绍信以及当事人一方位于本辖区内的证明材料；（三）当事人的近亲属应当提交身份证件和与委托人有近亲属关系的证明材料；（四）当事人的工作人员应当提交身份证件和与当事人有合法劳动人事关系的证明材料；（五）当事人所在社区、单位推荐的公民应当提交身份证件、推荐材料和当事人属于该社区、单位的证明材料；（六）有关社会团体推荐的公民应当提交身份证件和符合本解释第八十七条规定条件的证明材料”之规定，王老五的子女可以委托1～2名诉讼代理人参加诉讼。需要提醒的是，委托代理人参加诉讼一定要按照上述要求提交授权委托书和委托诉讼代理人的相关证明材料。

142. 张三：王老五的娃儿现在想请律师帮忙打官司，却又没有钱，有没有那种不收费的律师呢？

答：依照《法律援助条例》第10条“公民对下列需要代理的事项，因经济困难没有委托代理人的，可以向法律援助机构申请法律援助：（一）依法请求国家赔偿的；（二）请求给予社会保险待遇或者最低生活保障待遇的；（三）请求发给抚恤金、救济金的；（四）请求给付赡养费、抚养费、扶养费的；（五）请求支付劳动报酬的；（六）主张因见义勇为行为产生的民事权益的……”，第14条“公民就本条例第十条所列事项申请法律援助，应当按照下列规定提出：（一）请求国家赔偿的，向赔偿义务机关所在地的法律援助机构提出申请；（二）请求给予社会保险待遇、最低生活保障待遇或者请求发给抚恤金、救济金的，向提供社会保险待遇、最低生活保障待遇或者发给抚恤金、救济金的义务机关所在地的法律援助机构提出申请；（三）请求给付赡养费、抚养费、扶养费的，向给付赡养费、抚养费、扶养费的义务人住所地的法律援助机构提出申请；（四）请求支付劳动报酬的，向支付劳动报酬的义务人住所地的法律援助机构提出申请；（五）主张因见义勇为行为产生的民事权益的，向被请求人住所地的法律援助机构提出申请”，第17条“公民申请代理、刑事辩护的法律援助应当提交下列证件、证明材料：（一）身份证或者其他有效的身份证明，代理申请人还应当提交有代理权的证明；（二）经济困难的证明；（三）与所申请法律援助事项有关的案件材料。申请应当采用书面形式，填写申请表；以书面形式提出申请确有困难的，可以口头申请，由法律援助机构工作人员或者代为转交申请的有关机构工作人员作书面记录”之规定，公民申请法律援助，除因经济困难外，其请求事项还必须是依法请求国家赔偿，请求给予社会保险待遇或者最低生活保障待遇，请求发给抚恤金、救济金，请求给付赡养费、抚养费、扶养费，请求支付劳动报酬和主张因见义勇为行为产生的民事权益。王老五的子女与贺老八之间的纠纷不属于前述条文规定的法律援助情形，因此不能申请法律援助。

143. 张三：听他们说，为了防止贺老八赖皮，王老五的娃儿在打官司前或者打官司的时候可以向法院申请冻结贺老八的钱，是不是真的？

答：是真的。依照《民事诉讼法》第 103 条第 1 款“人民法院对于可能因当事人一方的行为或者其他原因，使判决难以执行或者造成当事人其他损害的案件，根据对方当事人的申请，可以裁定对其财产进行保全、责令其作出一定行为或者禁止其作出一定行为；当事人没有提出申请的，人民法院在必要时也可以裁定采取保全措施”，第 104 条第 1 款“利害关系人因情况紧急，不立即申请保全将会使其合法权益受到难以弥补的损害的，可以在提起诉讼或者申请仲裁前向被保全财产所在地、被申请人住所地或者对案件有管辖权的人民法院申请采取保全措施。申请人应当提供担保，不提供担保的，裁定驳回申请”，第105条“保全限于请求的范围，或者与本案有关的财物”之规定，王老五的子女可以在起诉前向侵权行为地或贺老八住所地人民法院申请诉前保全，未进行诉前保全的，可以在诉讼中向受理案件的人民法院申请诉讼保全。

这里需要提醒两点：一是依照《民事诉讼法》第103条第2款“人民法院采取保全措施，可以责令申请人提供担保，申请人不提供担保的，裁定驳回申请”，最高人民法院《关于适用〈中华人民共和国民事诉讼法〉的解释》第152条“……利害关系人申请诉前保全的，应当提供担保。申请诉前财产保全的，应当提供相当于请求保全数额的担保；情况特殊的，人民法院可以酌情处理。申请诉前行为保全的，担保的数额由人民法院根据案件的具体情况决定。在诉讼中，人民法院依申请或者依职权采取保全措施的，应当根据案件的具体情况，决定当事人是否应当提供担保以及担保的数额”，最高人民法院《关于人民法院办理财产保全案件若干问题的规定》第9条“当事人在诉讼中申请财产保全，有下列情形之一的，人民法院可以不要求提供担保：（一）追索赡养费、扶养费、抚育费、抚恤金、医疗费用、劳动报酬、工伤赔偿、交通事故人身损害赔偿的；（二）婚姻家庭纠纷案件中遭遇家庭暴力且经济困难的；（三）人民检察院提起的公益诉讼涉及损害赔偿的；（四）因见义勇为遭受侵害请求损害赔偿的；（五）案件事实清楚、权利义务关系明确，发生保全错误可能性较小的；

（六）申请保全人为商业银行、保险公司等由金融监管部门批准设立的具有独立偿付债务能力的金融机构及其分支机构的。法律文书生效后，进入执行程序前，债权人申请财产保全的，人民法院可以不要求提供担保"之规定，除上述规定情形外，当事人申请诉前保全或诉讼保全的，需提供担保，如不提供担保，人民法院将裁定驳回申请财产保全。二是依照《民事诉讼法》第 104 条第 3 款"申请人在人民法院采取保全措施后三十日内不依法提起诉讼或者申请仲裁的，人民法院应当解除保全"之规定，当事人申请诉前保全后，应在人民法院采取保全措施后 30 日内提起诉讼或申请仲裁，否则人民法院将解除保全。

144. 张三：前几天，律师去帮他们把案立了，现在法院通知交纳诉讼费，他们现在经济困难，可不可以向法院申请不交或少交点诉讼费呢？

答：依照《民事诉讼法》第 121 条"当事人进行民事诉讼，应当按照规定交纳案件受理费。财产案件除交纳案件受理费外，并按照规定交纳其他诉讼费用。当事人交纳诉讼费用确有困难的，可以按照规定向人民法院申请缓交、减交或者免交……"以及《诉讼费用交纳办法》第 4 条"国家对交纳诉讼费用确有困难的当事人提供司法救助，保障其依法行使诉讼权利，维护其合法权益"，第 44 条"当事人交纳诉讼费用确有困难的，可以依照本办法向人民法院申请缓交、减交或者免交诉讼费用的司法救助。诉讼费用的免交只适用于自然人"，第 48 条"当事人申请司法救助，应当在起诉或者上诉时提交书面申请、足以证明其确有经济困难的证明材料以及其他相关证明材料。因生活困难或者追索基本生活费用申请免交、减交诉讼费用的，还应当提供本人及其家庭经济状况符合当地民政、劳动保障等部门规定的公民经济困难标准的证明……”，最高人民法院《关于对经济确有困难的当事人提供司法救助的规定》第2条“本规定所称司法救助，是指人民法院对于当事人为维护自己的合法权益，向人民法院提起民事、行政诉讼，但经济确有困难的，实行诉讼费用的缓交、减交、免交”，第3条“当事人符合本规定第二条并具有下列情形之一的，可以向人民法院申请司法救助：（一）追索赡养费、扶养费、抚育费、抚恤金的；（二）孤寡老人、孤儿和农村‘五保户’；（三）没有固定生活来源的残疾人、患有严重疾病的人；（四）国家规定的优抚、安置对象；（五）追索社会保险金、劳动报酬和经济补偿金的；（六）交通事故、医疗事故、工伤事故、产品质量事故或者其他人身伤害事故的受害人，请求赔偿的；（七）因见义勇为或为保护社会公共利益致使自己合法权益受到损害，本人或者近亲属请求赔偿或经济补偿的；（八）进城务工人员追索劳动报酬或其他合法权益受到侵害而请求赔偿的；（九）正在享受城市居民最低生活保障、农村特困户救济或者领取失业保险金，无其他收入的；（十）因自然灾害等不可抗力造成生活困难，正在接受社会救济，或者家庭生产经营难以为继的；（十一）起诉行政机关违法要求农民履行义务的；（十二）正在接受有关部门法律援助的；（十三）当事人为社会福利机构、敬老院、优抚医院、精神病院、SOS 儿童村、社会救助站、特殊教育机构等社会公共福利单位的；（十四）其他情形确实需要司法救助的"之规定，如果王老五子女符合上述条件，可以按照上述规定向人民法院申请缓交、减交或者免交诉讼费。

需要提醒的是，当事人逾期不交纳诉讼费用又未提出司法救助申请，或者申请司法救助未获批准，在人民法院指定期限内仍未交纳诉讼费用的，人民法院将依法按照当事人自动撤诉或者撤回申请处理。

145. 张三：案件确定这个月底开庭，但因为我们村离法院有点远，跑一趟县城光车费就要几十元，他们可不可以不去呢？

答：如果原告已经委托了诉讼代理人（委托事项包含代为参加庭审），除法律另有规定外，原告本人确因特殊情况不能参加庭审的，可以不参加庭审。但依照《民事诉讼法》第 65 条"离婚案件有诉讼代理人的，本人除不能表达意思的以外，仍应出庭；确因特殊情况无法出庭的，必须向人民法院提交书面意见"，第 146 条"原告经传票传唤，无正当理由拒不到庭的，或者未经法庭许可中途退庭的，可以按撤诉处理；被告反诉的，可以缺席判决"以及最高人民法院《关于适用〈中华人民共和国民事诉讼法〉的解释》第 174 条第 2 款"人民法院对必须到庭才能查清案件基本事实的原告，经两次传票传唤，无正当理由拒不到庭的，可以拘传"之规定，如果上述案件的当事人不出庭，人民法院可以依法拘传当事人到庭或将案件按撤诉处理。

依照《人民法院在线诉讼规则》第1条“人民法院、当事人及其他诉讼参与人等可以依托电子诉讼平台（以下简称‘诉讼平台’），通过互联网或者专用网络在线完成立案、调解、证据交换、询问、庭审、送达等全部或部分诉讼环节。在线诉讼活动与线下诉讼活动具有同等法律效力”，第21条“人民法院开庭审理的案件，应当根据当事人意愿、案件情况、社会影响、技术条件等因素，决定是否采取视频方式在线庭审，但具有下列情形之一的，不得适用在线庭审：（一）各方当事人均明确表示不同意，或者一方当事人表示不同意且有正当理由的；（二）各方当事人均不具备参与在线庭审的技术条件和能力的；（三）需要通过庭审现场查明身份、核对原件、查验实物的；（四）案件疑难复杂、证据繁多，适用在线庭审不利于查明事实和适用法律的；（五）案件涉及国家安全、国家秘密的；（六）案件具有重大社会影响，受到广泛关注的；（七）人民法院认为存在其他不宜适用在线庭审情形的……”之规定，如果原告本人希望参加庭审但出于交通、时间等原因不能现场参加庭审，可以向人民法院申请在线庭审，人民法院将根据案件具体情况决定是否采取视频方式在线庭审。

146. 张三：这个案子开庭都一个月了，法官还没判决，法律上对判案时间有没有规定？

答：依照《民事诉讼法》第152条“人民法院适用普通程序审理的案件，应当在立案之日起六个月内审结。有特殊情况需要延长的，经本院院长批准，可以延长六个月；还需要延长的，报请上级人民法院批准"，第164条"人民法院适用简易程序审理案件，应当在立案之日起三个月内审结。有特殊情况需要延长的，经本院院长批准，可以延长一个月"，第168条"人民法院适用小额诉讼的程序审理案件，应当在立案之日起两个月内审结。有特殊情况需要延长的，经本院院长批准，可以延长一个月"，第187条"人民法院适用特别程序审理的案件，应当在立案之日起三十日内或者公告期满后三十日内审结。有特殊情况需要延长的，由本院院长批准。但审理选民资格的案件除外"之规定，案件审理期限依照案件适用程序确定，特殊情况下可以依法延长。

147. 张三：案子判下来了，昨天法院通知他们去领判决，因为太远，他们不想专门跑一趟。有什么好办法吗？

答：依照《民事诉讼法》第90条"经受送达人同意，人民法院可以采用能够确认其收悉的电子方式送达诉讼文书。通过电子方式送达的判决书、裁定书、调解书，受送达人提出需要纸质文书的，人民法院应当提供。采用前款方式送达的，以送达信息到达受送达人特定系统的日期为送达日期"，第91条"直接送达诉讼文书有困难的，可以委托其他人民法院代为送达，或者邮寄送达。邮寄送达的，以回执上注明的收件日期为送达日期"，最高人民法院《关于适用〈中华人民共和国民事诉讼法〉的解释》第132条"受送达人有诉讼代理人的，人民法院既可以向受送达人送达，也可以向其诉讼代理人送达。受送达人指定诉讼代理人为代收人的，向诉讼代理人送达时，适用留置送达”，第 135 条“电子送达可以采用传真、电子邮件、移动通信等即时收悉的特定系统作为送达媒介……”之规定，经受送达人同意，人民法院可以采用能够确认其收悉的传真、电子邮件等电子方式送达诉讼文书，因此当事人可以请求人民法院采用电子方式送达法律文书。如果王老五的子女委托了诉讼代理人且代理权限包含代收法律文书，人民法院可以向诉讼代理人送达判决书；如果王老五的子女没有委托诉讼代理人且不同意电子送达，也可以请求人民法院采用邮寄方式送达。

148. 张三：之前调解的时候贺老八同意赔 5000 元，现在法院才判贺老八赔 3000 元，王老五的娃儿对这个判决不服，该怎么办呢？

答：依照《民事诉讼法》第 171 条“当事人不服地方人民法院第一审判决的，有权在判决书送达之日起十五日内向上一级人民法院提起上诉。当事人不服地方人民法院第一审裁定的，有权在裁定书送达之日起十日内向上一级人民法院提起上诉”，第 165 条“基层人民法院和它派出的法庭审理事实清楚、权利义务关系明确、争议不大的简单金钱给付民事案件，标的额为各省、自治区、直辖市上年度就业人员年平均工资百分之五十以下的，适用小额诉讼的程序审理，实行一审终审。基层人民法院和它派出的法庭审理前款规定的民事案件，标的额超过各省、自治区、直辖市上年度就业人员年平均工资百分之五十但在二倍以下的，当事人双方也可以约定适用小额诉讼的程序”之规定，如果该案适用小额诉讼程序审理，王老五的子女无权上诉，只能向人民法院申请再审；若此案适用简易程序或普通程序审理，王老五的子女可以在收到判决书之日起 15 日内向原审人民法院的上一级法院提起上诉。

149. 张三：王老五娃儿涉及的这个案子适用的是简易程序，因为对一审判决不服，他们决定上诉。他们具体应该怎么办呢?

答：依照《民事诉讼法》第 172 条“上诉应当递交上诉状。上诉状的内容，应当包括当事人的姓名，法人的名称及其法定代表人的姓名或者其他组织的名称及其主要负责人的姓名；原审人民法院名称、案件的编号和案由；上诉的请求和理由”，第 173 条“上诉状应当通过原审人民法院提出，并按照对方当事人或者代表人的人数提出副本。当事人直接向第二审人民法院上诉的，第二审人民法院应当在五日内将上诉状移交原审人民法院”之规定，王老五的子女上诉需准备上诉状，并按对方人数准备副本。王老五的子女把上诉状准备好后，可以向原审人民法院或上一级人民法院递交纸质上诉状。

若王老五的子女没有时间或不方便到法院递交纸质上诉状，也可以通过“人民法院在线服务”小程序申请网上立案，申请网上立案时注意，在选择法院时要选择“原审人民法院的上一级人民法院”，选择案件类型时要选择“民事二审”。

15

第十五章

“执行”的那些法律事儿

150. 张三：贺老八向王老五坟头上泼大粪的案子中院已经判了，贺老八赔偿王老五的几个娃儿5000元，但案子判了一个多月了，贺老八还是不给钱。现在该怎么办呢？

答：依照《民事诉讼法》第247条“发生法律效力的民事判决、裁定，当事人必须履行。一方拒绝履行的，对方当事人可以向人民法院申请执行，也可以由审判员移送执行员执行。调解书和其他应当由人民法院执行的法律文书，当事人必须履行。一方拒绝履行的，对方当事人可以向人民法院申请执行”之规定，发生法律效力的民事判决书、裁定书、调解书以及其他应当由人民法院执行的法律文书，当事人必须履行。一方当事人拒绝履行的，对方当事人可以向人民法院申请执行。

需要注意的是，依照《民事诉讼法》第250条“申请执行的期间为二年。申请执行时效的中止、中断，适用法律有关诉讼时效中止、中断的规定。前款规定的期间，从法律文书规定履行期间的最后一日起计算；法律文书规定分期履行的，从最后一期履行期限届满之日起计算；法律文书未规定履行期间的，从法律文书生效之日起计算”之规定，当事人应在上述规定的期间内向人民法院申请执行。

151. 张三：王老五的几个娃儿决定向法院申请执行。他们应该向哪个法院申请呢？申请时需要准备哪些资料呢？

答：依照《民事诉讼法》第235条"发生法律效力的民事判决、裁定，以及刑事判决、裁定中的财产部分，由第一审人民法院或者与第一审人民法院同级的被执行的财产所在地人民法院执行。法律规定由人民法院执行的其他法律文书，由被执行人住所地或者被执行的财产所在地人民法院执行"之规定，王老五的子女可以向该案件的第一审人民法院或者与第一审人民法院同级的被执行人的财产所在地法院提出执行申请。

依照最高人民法院《关于人民法院执行工作若干问题的规定（试行）》第18条"申请执行，应向人民法院提交下列文件和证件：（1）申请执行书。申请执行书中应当写明申请执行的理由、事项、执行标的，以及申请执行人所了解的被执行人的财产状况。申请执行人书写申请执行书确有困难的，可以口头提出申请。人民法院接待人员对口头申请应当制作笔录，由申请执行人签字或盖章。外国一方当事人申请执行的，应当提交中文申请执行书。当事人所在国与我国缔结或共同参加的司法协助条约有特别规定的，按照条约规定办理。（2）生效法律文书副本。（3）申请执行人的身份证明。自然人申请的，应当出示居民身份证；法人申请的，应当提交法人营业执照副本和法定代表人身份证明；非法人组织申请的，应当提交营业执照副本和主要负责人身份证明。（4）继承人或权利承受人申请执行的，应当提交继承或承受权利的证明文件。(5) 其他应当提交的文件或证件”之规定，王老五的子女申请执行时应按照上述要求向法院提交资料。

152. 张三：王老五的几个娃儿向法院申请执行后，是不是可以什么都不管坐等拿钱了？

答：依照最高人民法院《关于民事执行中财产调查若干问题的规定》第1条“执行过程中，申请执行人应当提供被执行人的财产线索……”，第2条“申请执行人提供被执行人财产线索，应当填写财产调查表……”，第21条“被执行人不履行生效法律文书确定的义务，申请执行人可以向人民法院书面申请发布悬赏公告查找可供执行的财产……”之规定，申请执行人应当提供被执行人的财产线索并填写财产调查表，可以向人民法院书面申请发布悬赏公告查找可供执行的财产。同时，为了提高执行效率和效果，申请执行人除了向人民法院提供被执行人的财产线索外，还应当配合人民法院查找被执行人下落等其他线索。

153. 张三：法院立案后喊贺老八报告财产，但贺老八就是不报告，难道法院就拿他没办法了吗？

答：依照《民事诉讼法》第252条“被执行人未按执行通知履行法律文书确定的义务，应当报告当前以及收到执行通知之日前一年的财产情况。被执行人拒绝报告或者虚假报告的，人民法院可以根据情节轻重对被执行人或者其法定代理人、有关单位的主要负责人或者直接责任人员予以罚款、拘留”，最高人民法院

《关于公布失信被执行人名单信息的若干规定》第1条"被执行人未履行生效法律文书确定的义务，并具有下列情形之一的，人民法院应当将其纳入失信被执行人名单，依法对其进行信用惩戒……（四）违反财产报告制度的……"，最高人民法院《关于审理拒不执行判决、裁定刑事案件适用法律若干问题的解释》第2条"负有执行义务的人有能力执行而实施下列行为之一的，应当认定为全国人民代表大会常务委员会关于刑法第三百一十三条的解释中规定的'其他有能力执行而拒不执行，情节严重的情形'：（一）具有拒绝报告或者虚假报告财产情况、违反人民法院限制高消费及有关消费令等拒不执行行为，经采取罚款或者拘留等强制措施后仍拒不执行的……"之规定，如果被执行人收到报告财产令后拒不报告或者虚假报告，人民法院可以根据情节轻重对其罚款、拘留、纳入失信被执行人名单，符合法律规定的，可能追究其刑事犯罪。

154. 张三：除了喊贺老八报告财产外，法院还可以对贺老八采取哪些措施呢？

答：当被执行人不履行生效法律文书确定的义务时，人民法院一般会采取以下措施保证案件执行。

一是查封、扣押、冻结、划拨、变价、拍卖、变卖被执行人的财产。依照《民事诉讼法》第253条第1款"被执行人未按执行通知履行法律文书确定的义务，人民法院有权向有关单位查询被执行人的存款、债券、股票、基金份额等财产情况。人民法院有权根据不同情形扣押、冻结、划拨、变价被执行人的财产……”，第255条“被执行人未按执行通知履行法律文书确定的义务，人民法院有权查封、扣押、冻结、拍卖、变卖被执行人应当履行义务部分的财产……”之规定，人民法院有权向有关单位查询被执行人的财产，并对相关财产依法进行查封、扣押、冻结、划拨、变价、拍卖、变卖。

二是提取被执行人的收入。依照《民事诉讼法》第254条第1款“被执行人未按执行通知履行法律文书确定的义务，人民法院有权扣留、提取被执行人应当履行义务部分的收入……”之规定，如果被执行人有工资、劳动报酬或其他收入，人民法院将依法扣留、提取其应当履行义务部分的收入。

三是搜查。依照《民事诉讼法》第259条第1款“被执行人不履行法律文书确定的义务，并隐匿财产的，人民法院有权发出搜查令，对被执行人及其住所或者财产隐匿地进行搜查”之规定，如果被执行人不履行法律文书确定的义务，并隐匿财产，人民法院将依法对被执行人的住所或财产隐匿地进行搜查。

四是限制高消费。依照最高人民法院《关于限制被执行人高消费及有关消费的若干规定》第3条第1款“被执行人为自然人的，被采取限制消费措施后，不得有以下高消费及非生活和工作必需的消费行为：（一）乘坐交通工具时，选择飞机、列车软卧、轮船二等以上舱位；（二）在星级以上宾馆、酒店、夜总会、高尔夫球场等场所进行高消费；（三）购买不动产或者新建、扩建、高档装修房屋；（四）租赁高档写字楼、宾馆、公寓等场所办公；

（五）购买非经营必需车辆；（六）旅游、度假；（七）子女就读高收费私立学校；（八）支付高额保费购买保险理财产品；（九）乘坐G字头动车组列车全部座位、其他动车组列车一等以上座位等其他非生活和工作必需的消费行为”之规定，如果被执行人未按执行通知书指定的期间履行生效法律文书确定的给付义务，执行法院将依法对其采取限制高消费措施，被执行人不得有上述消费行为。

五是纳入失信被执行人名单。依照最高人民法院《关于公布失信被执行人名单信息的若干规定》第1条“被执行人未履行生效法律文书确定的义务，并具有下列情形之一的，人民法院应当将其纳入失信被执行人名单，依法对其进行信用惩戒：（一）有履行能力而拒不履行生效法律文书确定义务的；（二）以伪造证据、暴力、威胁等方法妨碍、抗拒执行的；（三）以虚假诉讼、虚假仲裁或者以隐匿、转移财产等方法规避执行的；（四）违反财产报告制度的；（五）违反限制消费令的；（六）无正当理由拒不履行执行和解协议的”，第7条第1款“各级人民法院应当将失信被执行人名单信息录入最高人民法院失信被执行人名单库，并通过该名单库统一向社会公布”之规定，如被执行人有前述行为，人民法院将把被执行人列入失信被执行人名单，并将相关信息录入最高人民法院失信被执行人名单库，同时要记入信用惩戒，并通过该名单库统一向社会予以公布。

六是限制出境、在征信系统记录、公开曝光等。依照《民事诉讼法》第266条“被执行人不履行法律文书确定的义务的，人民法院可以对其采取或者通知有关单位协助采取限制出境，在征信系统记录、通过媒体公布不履行义务信息以及法律规定的其他措施”之规定，根据案件实际情况，人民法院可以对被执行人采取限制出境、在征信系统记录、通过媒体公布不履行义务信息以及法律规定的其他措施。

七是罚款、拘留、追究刑事责任。依照《民事诉讼法》第114条“诉讼参与人或者其他人有下列行为之一的，人民法院可以根据情节轻重予以罚款、拘留；构成犯罪的，依法追究刑事责任……（六）拒不履行人民法院已经发生法律效力的判决、裁定的……”，《刑法》第313条第1款“对人民法院的判决、裁定有能力执行而拒不执行，情节严重的，处三年以下有期徒刑、拘役或者罚金；情节特别严重的，处三年以上七年以下有期徒刑，并处罚金”之规定，如果被执行人拒不履行已经发生法律效力的判决、裁定，人民法院将根据情节轻重予以罚款、拘留；如果被执行人对人民法院的判决、裁定有能力执行而拒不执行，情节严重，可能被判处3年以下有期徒刑、拘役或者罚金；情节特别严重的，可能被判处3年以上7年以下有期徒刑，并处罚金。

155. 张三：我知道贺老八把农村房子卖了后在县城买的房，但他们说如果只有一套住房就没办法执行。这个说法是不是真的？

答：这个说法不正确。依照最高人民法院《关于人民法院办理执行异议和复议案件若干问题的规定》第20条“金钱债权执行中，符合下列情形之一，被执行人以执行标的系本人及所扶养家属维持生活必需的居住房屋为由提出异议的，人民法院不予支持：（一）对被执行人有扶养义务的人名下有其他能够维持生活必需的居住房屋的；（二）执行依据生效后，被执行人为逃避债务转让其名下其他房屋的；（三）申请执行人按照当地廉租住房保障面积标准为被执行人及所扶养家属提供居住房屋，或者同意参照当地房屋租赁市场平均租金标准从该房屋的变价款中扣除五至八年租金的。执行依据确定被执行人交付居住的房屋，自执行通知送达之日起，已经给予三个月的宽限期，被执行人以该房屋系本人及所扶养家属维持生活的必需品为由提出异议的，人民法院不予支持”之规定，在满足前述条件的情况下，在给被执行人留存5~8年的租金后，人民法院可以执行被执行人名下的唯一房产。

156. 张三：贺老八听说法院要执行他的房子，有点怕了，主动提出要与王老五的几个娃儿执行和解。执行和解是什么意思呢？

答： 执行和解是指在执行过程中，申请执行人与被执行人自愿协商、达成协议，并经人民法院审查批准后，结束执行程序的行为。依照《民事诉讼法》第241条第1款“在执行中，双方当事人自行和解达成协议的，执行员应当将协议内容记入笔录，由双方当事人签名或者盖章”和最高人民法院《关于适用〈中华人民共和国民事诉讼法〉的解释》第465条“一方当事人不履行或者不完全履行在执行中双方自愿达成的和解协议，对方当事人申请执行原生效法律文书的，人民法院应当恢复执行，但和解协议已履行的部分应当扣除……”之规定，在执行中，双方当事人可以自行和解达成协议，如果一方当事人不履行或者不完全履行双方自愿达成的和解协议，对方当事人可以申请执行原生效法律文书，但已经履行的部分应当扣除。

157. 张三：王老五的几个娃儿现在不相信贺老八了，不愿意与他达成执行和解协议，法院说申请标的较小执行贺老八唯一住房不合适，而贺老八又没有其他财产。他们这个案子是不是就这样算了？

答：依照最高人民法院《关于适用〈中华人民共和国民事诉讼法〉的解释》第 517 条“经过财产调查未发现可供执行的财产，在申请执行人签字确认或者执行法院组成合议庭审查核实并经院长批准后，可以裁定终结本次执行程序。依照前款规定终结执行后，申请执行人发现被执行人有可供执行财产的，可以再次申请执行。再次申请不受申请执行时效期间的限制”和最高人民法院《关于执行案件立案、结案若干问题的意见》第 16 条第 1 款“有下列情形之一的，可以以‘终结本次执行程序’方式结案：（一）被执行人确无财产可供执行，申请执行人书面同意人民法院终结本次执行程序的；（二）因被执行人无财产而中止执行满两年，经查证被执行人确无财产可供执行的；（三）申请执行人明确表示提供不出被执行人的财产或财产线索，并在人民法院穷尽财产调查措施之后，对人民法院认定被执行人无财产可供执行书面表示认可的；（四）被执行人的财产无法拍卖变卖，或者动产经两次拍卖、不动产或其他财产权经三次拍卖仍然流拍，申请执行人拒绝接受或者依法不能交付其抵债，经人民法院穷尽财产调查措施，被执行人确无其他财产可供执行的；（五）经人民法院穷尽财产调查措施，被执行人确无财产可供执行或虽有财产但不宜强制执行，当事人达成分期履行和解协议，且未履行完毕的；（六）被执行人确无财产可供执行，申请执行人属于特困群体，执行法院已经给予其适当救助的"之规定，经过财产调查未发现可供执行的财产，符合相关规定的，人民法院将依法终结本次执行。但终结本次执行不代表不执行，被执行人应当继续履行义务，申请执行人发现被执行人有其他财产的，可以随时请求人民法院恢复执行。

158. 张三：贺老八这个案件法院最终还是"终本"了，但贺老八很嚣张，前几天还到处炫耀自己花了8000多元买了一个高档按摩椅。现在该怎么办呢？

答：依照最高人民法院《关于适用〈中华人民共和国民事诉讼法〉的解释》第517条第2款"依照前款规定终结执行后，申请执行人发现被执行人有可供执行财产的，可以再次申请执行。再次申请不受申请执行时效期间的限制"之规定，案件"终本"后，如果发现被执行人有履行能力，申请执行人可以向执行法院申请案件恢复执行。申请恢复执行不受两年申请执行时效期间的限制。该案中，王老五的子女可以将了解到的贺老八财产线索提供给执行法院并申请案件恢复执行。如果该线索经核查属实，案件将恢复执行，贺老八购买的高档按摩椅将依法被扣押、拍卖，贺老八也可能被罚款、拘留甚至追究刑事责任。

159. 张三：案件恢复执行后，法院扣押了贺老八的按摩椅。但贺老八的儿子却说那个按摩椅是他的，向法院提出了执行异议。执行异议是怎么回事呢？

答：执行异议是指当事人、利害关系人对执行行为声明不服或者对执行标的主张权利，要求纠正违法的执行行为或者停止对执行标的执行的意见。执行异议分为3类：第一类是当事人、利害关系人异议；第二类是案外人异议；第三类是分配方案异议。

当事人、利害关系人异议，是指当事人、利害关系人认为执行机构及其执行人员的执行行为违反法律规定而提出的要求予以纠正的请求。《民事诉讼法》第236条规定：“当事人、利害关系人认为执行行为违反法律规定的，可以向负责执行的人民法院提出书面异议。当事人、利害关系人提出书面异议的，人民法院应当自收到书面异议之日起十五日内审查，理由成立的，裁定撤销或者改正；理由不成立的，裁定驳回。当事人、利害关系人对裁定不服的，可以自裁定送达之日起十日内向上一级人民法院申请复议。”

案外人异议，是指执行当事人之外的主体，对执行标的主张所有权或者有其他足以阻止执行标的转让、交付的实体权利，在执行程序终结前，提出的要求停止对该执行标的进行执行的请求。最高人民法院《关于适用〈中华人民共和国民事诉讼法〉的解释》第463条规定：“案外人对执行标的提出的异议，经审查，按照下列情形分别处理：（一）案外人对执行标的不享有足以排除强制执行的权益的，裁定驳回其异议；（二）案外人对执行标的享有足以排除强制执行的权益的，裁定中止执行。驳回案外人执行异议裁定送达案外人之日起十五日内，人民法院不得对执行标的进行处分。”第302条规定：“根据民事诉讼法第二百三十四条规定，案外人、当事人对执行异议裁定不服，自裁定送达之日起十五日内向人民法院提起执行异议之诉的，由执行法院管辖。”第304条规定：“申请执行人提起执行异议之诉，除符合民事诉讼法第一百二十二条规定外，还应当具备下列条件：（一）依案外人执行异议申请，人民法院裁定中止执行；（二）有明确的对执行标的继续执行的诉讼请求，且诉讼请求与原判决、裁定无关；（三）自执行异议裁定送达之日起十五日内提起。人民法院应当在收到起诉状之日起十五日内决定是否立案。”第306条规定：“申请执行人提起执行异议之诉的，以案外人为被告。被执行人反对申请执行人主张的，以案外人和被执行人为共同被告；被执行人不反对申请执行人主张的，可以列被执行人为第三人。”

分配方案异议，是指在实现金钱债权的执行中，申请执行人、被执行人对执行机构制作的财产分配方案提出不同意见并要求纠正的请求。最高人民法院《关于适用〈中华人民共和国民事诉讼法〉的解释》第509条规定：“多个债权人对执行财产申请参与分配的，执行法院应当制作财产分配方案，并送达各债权人和被执行人。债权人或者被执行人对分配方案有异议的，应当自收到分配方案之日起十五日内向执行法院提出书面异议。”第 510 条规定：“债权人或者被执行人对分配方案提出书面异议的，执行法院应当通知未提出异议的债权人、被执行人。未提出异议的债权人、被执行人自收到通知之日起十五日内未提出反对意见的，执行法院依异议人的意见对分配方案审查修正后进行分配；提出反对意见的，应当通知异议人。异议人可以自收到通知之日起十五日内，以提出反对意见的债权人、被执行人为被告，向执行法院提起诉讼；异议人逾期未提起诉讼的，执行法院按照原分配方案进行分配。诉讼期间进行分配的，执行法院应当提存与争议债权数额相应的款项。”

贺老八的儿子提出按摩椅是他的，属于案外人异议。贺老八的儿子提出异议后，法院会根据其提交的证据进行审查，若异议成立，法院将裁定中止对按摩椅的执行；若异议不成立，法院将裁定驳回其异议。任何一方对裁定不服，可以在裁定送达之日起 15 日内向法院提起诉讼。

160. 张三：经人民法院审查，按摩椅是贺老八用他平时攒下来的钱买的。现在按摩椅被人民法院扣押了，后续会怎么处理呢？

答：依照《民事诉讼法》第 258 条“财产被查封、扣押后，执行员应当责令被执行人在指定期间履行法律文书确定的义务。

被执行人逾期不履行的，人民法院应当拍卖被查封、扣押的财产；不适于拍卖或者当事人双方同意不进行拍卖的，人民法院可以委托有关单位变卖或者自行变卖……”及最高人民法院《关于人民法院民事执行中拍卖、变卖财产的规定》第1条“在执行程序中，被执行人的财产被查封、扣押、冻结后，人民法院应当及时进行拍卖、变卖或者采取其他执行措施”，第2条“人民法院对查封、扣押、冻结的财产进行变价处理时，应当首先采取拍卖的方式，但法律、司法解释另有规定的除外”之规定，人民法院在依法扣押按摩椅后，可以责令贺老八在指定期间履行法律文书确定的义务，逾期不履行的，人民法院将依法拍卖按摩椅。

161. 张三：这个按摩椅看上去还可以。法院拍卖的时候我可以参加吗？如果可以，我在哪里报名呢？

答：依照最高人民法院《关于人民法院民事执行中拍卖、变卖财产的规定》第12条“法律、行政法规对买受人的资格或者条件有特殊规定的，竞买人应当具备规定的资格或者条件。申请执行人、被执行人可以参加竞买”之规定，包括申请执行人、被执行人在内，符合竞买资格的人均可以参与竞买。

关于报名途径，依照最高人民法院《关于人民法院民事执行中拍卖、变卖财产的规定》第8条“拍卖应当先期公告。拍卖动产的，应当在拍卖七日前公告；拍卖不动产或者其他财产权的，应当在拍卖十五日前公告”，第10条第1款“拍卖不动产、其他财产权或者价值较高的动产的，竞买人应当于拍卖前向人民法院预交保证金。申请执行人参加竞买的，可以不预交保证金。保证金的数额由人民法院确定，但不得低于评估价或者市价的百分之五”，最高人民法院《关于人民法院网络司法拍卖若干问题的规定》第2条“人民法院以拍卖方式处置财产的，应当采取网络司法拍卖方式，但法律、行政法规和司法解释规定必须通过其他途径处置，或者不宜采用网络拍卖方式处置的除外”之规定，人民法院拍卖财产会先期公告，如果参加拍卖，可留意执行法院的拍卖公告，按照拍卖公告的要求报名参加拍卖。如果是采用网络拍卖方式处置，必须先在相应的网络拍卖平台注册账号、完成实名认证，在拍卖竞价程序结束前按规定交纳保证金（申请执行人参加竞买的，可以不预交保证金），取得竞买资格。目前权威的网络拍卖平台有阿里拍卖（淘宝）、京东拍卖（京东）、人民法院诉讼资产网、公拍网、中国拍卖行业协会、工商银行融e购司法拍卖平台、北交互联等。

162. 张三：贺老八一边不赔钱，一边又买高档按摩椅，他这种行为是不是构成前面说的拒不履行判决、裁定罪呢？

答： 依照《刑法》第313条第1款“对人民法院的判决、裁定有能力执行而拒不执行，情节严重的，处三年以下有期徒刑、拘役或者罚金；情节特别严重的，处三年以上七年以下有期徒刑，并处罚金”，最高人民法院《关于审理拒不执行判决、裁定刑事案件适用法律若干问题的解释》第1条“被执行人、协助执行义务人、担保人等负有执行义务的人对人民法院的判决、裁定有能力执行而拒不执行，情节严重的，应当依照刑法第三百一十三条的规定，以拒不执行判决、裁定罪处罚"，第2条"负有执行义务的人有能力执行而实施下列行为之一的，应当认定为全国人民代表大会常务委员会关于刑法第三百一十三条的解释中规定的'其他有能力执行而拒不执行，情节严重的情形'：（一）具有拒绝报告或者虚假报告财产情况、违反人民法院限制高消费及有关消费令等拒不执行行为，经采取罚款或者拘留等强制措施后仍拒不执行的；（二）伪造、毁灭有关被执行人履行能力的重要证据，以暴力、威胁、贿买方法阻止他人作证或者指使、贿买、胁迫他人作伪证，妨碍人民法院查明被执行人财产情况，致使判决、裁定无法执行的；（三）拒不交付法律文书指定交付的财物、票证或者拒不迁出房屋、退出土地，致使判决、裁定无法执行的；（四）与他人串通，通过虚假诉讼、虚假仲裁、虚假和解等方式妨害执行，致使判决、裁定无法执行的；（五）以暴力、威胁方法阻碍执行人员进入执行现场或者聚众哄闹、冲击执行现场，致使执行工作无法进行的；（六）对执行人员进行侮辱、围攻、扣押、殴打，致使执行工作无法进行的；（七）毁损、抢夺执行案件材料、执行公务车辆和其他执行器械、执行人员服装以及执行公务证件，致使执行工作无法进行的；（八）拒不执行法院判决、裁定，致使债权人遭受重大损失的"之规定，贺老八的行为可能构成拒不履行判决、裁定罪。此种情形下，执行法院将依法向公安机关移送犯罪线索，由公安机关立案侦查。

163. 张三：贺老八的按摩椅最终拍卖了6500元，但法院说现在有其他人向法院提出参与分配申请。这个按摩椅的线索是王老五的几个娃儿提供的，也是他们这个案件拍卖的，为什么其他人还可以分这个钱呢？

答：依照最高人民法院《关于适用〈中华人民共和国民事诉讼法〉的解释》第506条第1款“被执行人为公民或者其他组织，在执行程序开始后，被执行人的其他已经取得执行依据的债权人发现被执行人的财产不能清偿所有债权的，可以向人民法院申请参与分配”之规定，如果贺老八的财产不能清偿所有债权，贺老八的其他债权人可以凭已经取得的执行依据，向人民法院申请参与分配。

依照最高人民法院《关于适用〈中华人民共和国民事诉讼法〉的解释》第508条“参与分配执行中，执行所得价款扣除执行费用，并清偿应当优先受偿的债权后，对于普通债权，原则上按照其占全部申请参与分配债权数额的比例受偿。清偿后的剩余债务，被执行人应当继续清偿。债权人发现被执行人有其他财产的，可以随时请求人民法院执行”之规定，在参与分配的执行案件中，执行所得价款扣除执行费用并清偿应当优先受偿的债权后，原则上按照其占全部申请参与分配债权数额的比例进行分配。但在司法实践中，对下列债权人会适当提高分配比例：（1）分配财产系因其首先申请而查控所得；（2）分配财产系根据其提供线索查控所得；（3）分配财产系其提起撤销权诉讼、执行异议之诉或者通过司法审计、悬赏执行等方式查控所得，但（1）（2）（3）项不得超过其按债权比例分配时应分得款项的10%、15%、20%。

依照最高人民法院《关于适用〈中华人民共和国民事诉讼法〉的解释》第509条"多个债权人对执行财产申请参与分配的，执行法院应当制作财产分配方案，并送达各债权人和被执行人。债权人或者被执行人对分配方案有异议的，应当自收到分配方案之日起十五日内向执行法院提出书面异议"，第510条"债权人或者被执行人对分配方案提出书面异议的，执行法院应当通知未提出异议的债权人、被执行人。未提出异议的债权人、被执行人自收到通知之日起十五日内未提出反对意见的，执行法院依异议人的意见对分配方案审查修正后进行分配；提出反对意见的，应当通知异议人。异议人可以自收到通知之日起十五日内，以提出反对意见的债权人、被执行人为被告，向执行法院提起诉讼；异议人逾期未提起诉讼的，执行法院按照原分配方案进行分配。诉讼期间进行分配的，执行法院应当提存与争议债权数额相应的款项"之规定，在有多个债权人对同一被执行人申请执行或者对执行财产申请参与分配时，执行法院应当制作财产分配方案，并送达各债权人和被执行人。债权人或者被执行人对分配方案有异议的，应当自收到分配方案之日起15日内向执行法院提出书面异议。债权人或者被执行人对分配方案提出书面异议的，执行法院应当通知未提出异议的债权人或被执行人。未提出异议的债权人、被执行人自收到通知之日起15日内未提出反对意见的，执行法院依异议人的意见对分配方案审查修正后进行分配；提出反对意见的，应当通知异议人。异议人可以自收到通知之日起15日内，以提出反对意见的债权人、被执行人为被告，向执行法院提起诉讼；异议人逾期未提起诉讼的，执行法院按照原分配方案进行分配。

清偿后的剩余债务，被执行人仍应当继续履行。